U0010782

【暢銷修訂版】

犯罪心理學

福島 章 監修
PHP研究所◎編
簡中昊◎譯

Criminal psychology

從科學剖析犯罪行為，
深入犯罪者的內心世界

竊盜、縱火、誘拐、詐欺……
人為什麼會犯罪？

晨星出版

前言

我們的報紙與電視新聞沒有一天不刊登或報導犯罪的情事。殺人、竊盜、詐欺、企業家與政客的不法行為……我們好似就生活在被犯罪包圍的世界之中。

說到犯罪者，我們很容易認為那是一群和我們不一樣的「特別」人類。但是，這些犯罪者和我們之間的界線，到底是什麼呢？而且，說到底，這條線實際上是否真的存在呢？

為了尋求這個問題的解答，我們研究犯罪者的生理與心理，希望有助於犯罪調查，乃至深入理解人類整體的本質——這門學問就是犯罪心理學。

當然，雖然說都是犯罪，但也分成冷血殺人、利用人心弱點的詐騙、臨時起意順手牽羊、自我毀滅的藥物犯罪、酒後開車，以及組織內部的不法行為等，其種類之多樣，無法簡單地以一詞而論定。犯罪行為不僅是個人的問題，也是一個時代與社會環境變化下不能忽視的問題。這是因為在犯罪發生之前，必定有眾多錯綜複雜的因素。

本書針對上述各種五花八門的犯罪，從各個觀點廣泛地挑選內容項目，儘量以最平易簡單的方式進行解說。

首先，本書將會從我們對於犯罪最容易產生的疑問開始思考（第1章），接著，深入理解殺人、誘拐、詐欺等各種犯罪心理（第2章），理解誤入歧途的少年心理（第3章），以及為防止犯罪所實施的策略（第4章），了解犯罪者的更生（第5章）；最後，也將提及有關犯罪心理學的歷史和成果概述（第6章）。

現代社會正面臨巨大的轉變期，我們可以發現，隨之而來的犯罪者心理和犯罪傾向也正逐漸轉變。

藉由獲得更多的知識，我們才能屏除對於犯罪或犯罪者的刻板印象，以客觀、科學的角度去理解犯罪者；同時，如果本書讓大眾開始思考我們在防範犯罪上所能採取的對策，將會是我們最大的喜悅。

2007年12月10日

編者・PHP研究所

· 本書的數據基本上是根據2007年12月當時的資訊編撰而成。

CONTENTS

第1章
人為什麼會成為犯罪者？

第2章
引起各種犯罪不同的心理層面

第3章
造成少年非行的是環境還是本質？

第4章
有可能防範犯罪於未然嗎？

第5章
罪犯能夠重返社會嗎？

第6章

犯罪無法根除嗎？
～翻開犯罪研究的歷史～

集中Key Word

第1章

人為什麼會成為犯罪者？

每個人心裡都潛藏著的犯罪是？

自己沒辦法做到的事，犯罪者可以幫我做到

●藉由犯罪者的行為，解放自己累積的不滿情緒

我們為什麼會對犯罪者或犯罪行為產生好奇或是關注呢？首先第一個原因就是，我們會對犯罪行為，以及在社會中屬於少數派的犯罪者感到好奇。若我們回溯歷史，可以發現日本江戶時代的死刑犯必須「在市中心遊街示眾再斬首」，這具有表演性質的要素；現在在人道考量下並不會這麼做，但是在人們的心底，似乎還是渴望能夠看到這樣的行刑方式。

而且，因為我們在生活中時常需要和四周的人協調，並且為了經營這樣的社會生活，在我們的心裡，有些本能上的衝動行為絕對不能顯現在外。於是，基於這樣的需求，有時我們也會需要藉由犯罪者的行為，達到心理欲求的**代理滿足和模擬體驗**。也就是說，我們平時隱藏慾望，憑藉著獲得犯人或其犯行的細節資訊，體驗其犯罪經驗，得到替代性的滿足。以「淫樂殺人[1]」和「獵奇殺人」為主題的小說或電影每每都能大賣，我們或許能從這種現象得到解釋吧。

●犯罪心理學所追尋的人類「本性」

也就是說，我們原本以為早就被理性壓抑且永遠驅離的人類最原始之性衝動和攻擊衝動，其實還隱藏在犯罪當中。換言之，犯罪是人類內心深處「黑暗面」具體化的結果。

犯罪心理學這一門學問，以科學分析犯罪者和犯罪行為背後的心理、利用所得的資料為刑事政策以及社會福利帶來貢獻。除了這個實際功效之外，其目的也是藉由深入研究犯罪者這一群個體，找出全體人類內心的異常性和本性。

---

1. Lust Murder，指為了獲得某種快感或心理上的滿足或補償所犯下的殺人行為。

全人類心中潛藏的隱性犯罪因子

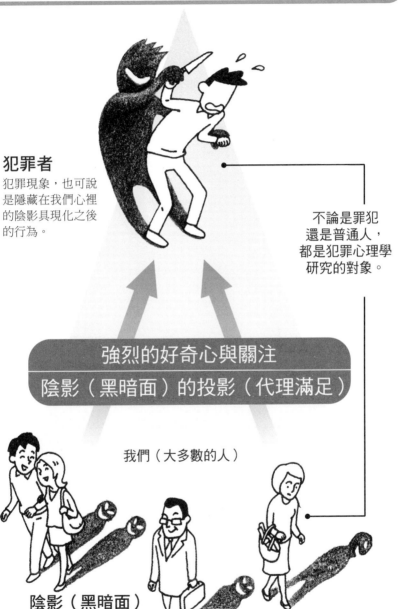

犯罪者

犯罪現象，也可說
是隱藏在我們心裡
的陰影具現化之後
的行為。

不論是罪犯
還是普通人，
都是犯罪心理學
研究的對象。

強烈的好奇心與關注
陰影（黑暗面）的投影（代理滿足）

我們（大多數的人）

陰影（黑暗面）

壓抑在內心深處最原始的性衝
動及攻擊衝動等等。

犯罪的基本公式
人為什麼會犯罪呢？

本性、生長環境、行為環境之間錯綜複雜的關係

●罪犯犯罪的原因是因為遺傳嗎？

19世紀末義大利有一位名醫龍布羅梭（Cesare Lombroso）認為：「罪犯之所以成為罪犯，是由他們天生而來的本性所致」（**天生犯罪人理論**）。之後，犯罪是藉由血液流傳的「**變質論**」，就在有關犯罪者的生物學研究不斷進步之下，成為備受世人矚目的一個論點。於是，針對產生大量罪犯之家族的研究，與比較雙胞胎罪犯等類似的研究就此孕育而生。結果發現，犯罪與遺傳之間具有某種程度的關聯性。

對此，社會學家主張，我們應重視生活的環境要素。舉例來說，「貧困的經濟環境容易產生犯罪者」「在社會傳統規範崩壞的轉換期，也比較容易發生犯罪的行為」，與「社會之中的文化傾軋也會產生犯罪行為」等等，都是當時社會學家認為應當要重視的犯罪因素。

●在本性與環境的交互影響下造成了犯罪

現在的犯罪心理學主要是從**本性與環境**這兩個項目，也就是從各種要素之間的關係中，尋求引發犯罪行為的原因。

具體來說，最重要的應該是什麼樣的因素？這些因素本身又有什麼樣的關聯性？這些因素與因素之間的排列組合是否會產生不一樣的化學變化？這些問題的解答依據不同的案件，得到的答案也會不一樣。

一般來說，我們認為只要一個人本身的人格原本就已經有很大的問題，即使環境並沒有多麼惡劣，他還是很容易走向犯罪。相反地，如果是環境很惡劣，即便是原本人格並沒有問題的人，也是有可能會走上犯罪一途。

犯罪是由各種因素重疊、交互影響之下而引起

先天獲得
的素質

後天獲得而
形成的因素

進行犯罪
當時的
行為環境

出生成長的
生長環境

人格 環境 ＝ 犯罪行為

各式各樣的人格與環境之間連接的關聯性

●人格問題很大的話，
　就算環境問題很小也會造成犯罪行為

| 人格問題 | 環境問題 | 犯罪行為 |

●人格問題很小、環境問題也很小，
　就不會引發犯罪行為

| 人格問題 | 環境問題 | 不至於引發犯罪行為 |

●即使人格問題小，
　只要環境的問題大就會引起犯罪行為

| 人格問題 | 環境問題 | 犯罪行為 |

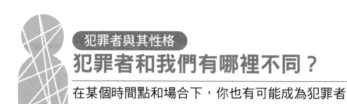

犯罪者和我們有哪裡不同？

在某個時間點和場合下，你也有可能成為犯罪者

●不幸的積累可能會使人誤入歧途

不論是什麼人，我們都無法一口咬定他絕對不會犯罪或殺人。例如，曾經有一個案件是一位責任感強、像模範生一般的上班族男性，由於升官的關係而覺得責任感加重、甚至開始不安，進而罹患了憂鬱症，因此經常與妻子發生爭執，最後竟然殺害了自己的妻子（參考右頁）。

類似這種情形的犯罪者，我們稱之為「**偶發性犯罪者**」或「**機會性犯罪者**」。此外，由於這種犯罪行為是在偶然產生的心理危機下所引發的犯罪，因此在這個意義上，這種犯罪者又被稱為「**危機犯罪者**」。這些危機包含了：失戀、升學與求職上的挫敗、轉職和搬家等環境上的變化、與朋友的口角、長期累積下來的欲求不滿等等，數也數不清。所以我們才會說，這些讓我們想都想不到的人，都有可能因為各種我們無法預測的不幸不斷累積，最後落入犯罪這個黑暗的深淵。

●意志力薄弱的人容易犯罪？

如果請你想想看有誰是對於事物很容易生膩、意志力薄弱的人，你應該可以想出不少人選吧？當某個人的這種性格愈嚴重，在心理學當中我們就會說他是**意志薄弱者**。其實，這也是犯罪者當中最多的類型。他們的共同特徵是缺乏耐久性、自發性和主動性。通常他們在學校或職場上都無法穩定地對一件事持續努力，而在反覆退學或轉職的情況下，他們很難構築自己的人際關係和生活圈，同時也很容易受到壞朋友影響，即使多次入獄，大部分還是會持續犯行。

但是，由於他們很容易受環境影響，因此如果他們能夠得到配偶的幫助，大多數的人也都能夠金盆洗手，脫離犯罪生活；換句話說，左右這些人會不會成為犯罪者的因素，就是環境。

上班族菁英殺人事件

事件	在外商就職的39歲男性，與妻子發生口角後將之殺害。
遺傳、環境	地方望族的二男，其祖父患憂鬱症、大哥患慮病症。
性格、氣質因素	個性執著（一絲不苟、嚴謹、工作熱心、重視與他人的人際關係等），工作上屬於認真奉獻型。

事發經過

受到主管大力拔擢升官

憂鬱症發作

極度疲累同時失去信心

母親過世

與妻子口角
↓
殺人

由於天生的性格等因素，加上連續發生不幸的事件，最後竟發生了殺人這個最壞的結果。

情緒控制力差、反社會型人格障礙

凶殘的殺人犯難道沒有良心嗎？

世界上真實存在著缺乏人類情感的犯罪者

●凶惡的犯罪者難道是「變態」嗎？

從一般人的眼光來看，應該是殘虐、冷酷無比又凶惡的犯罪行為，卻有人能夠毫無感情且毫不猶豫地做出這些舉動。1970年代，美國有一位連續殺人犯泰德‧邦迪（Ted Bundy），為了自己的慾望至少殺害了超過30名女性，震驚全美。而且一直到執行死刑為止，他完全都沒有同情過被害者。在日本做出連續女性殺人事件的大久保清（參閱第56頁）和大阪教育大學附屬池田國小兒童殺傷事件的宅間守（參閱第168頁）等，都是相同類型的案件。

他們的共通點，就是都缺少了關懷、同情和同理心這些感情，形成**反社會型人格障礙**（依據美國精神醫學會的精神障礙分類DSM診斷、統計手冊，第202頁）；根據施耐德的精神病質分類（參閱第192頁），又稱為**無情的病態性格者**。但這些人絕對不是單純只因這一種性格就容易引起犯罪行為，而是他們同時也必須具有爆發性、缺乏控制力、自我表現欲等異常的性格取向，才會有可能發展成為凶殘的犯罪者。

●甚至連面對自己的死亡都漠不關心

大多數具有反社會型人格障礙的犯罪者，從初期就開始動手做一些如竊盜、施暴等行為，接著擴大往殺人、強盜、強姦等多方面涉足，不斷犯罪。而且他們對於被逮捕和刑罰毫不在意，就像他們不把其他人的生命和情感放在心上一樣，對於自己將來的命運甚至是生死也不關心。他們能夠平靜地聆聽自己被宣告死刑，平靜地前往行刑場，這就是他們對於自己的痛苦毫無感知的表現。

對他人的情感與社會規範毫不在意的一群人

反社會型人格障礙（DSM）及無情
的病態性格者（施耐德）的特徵

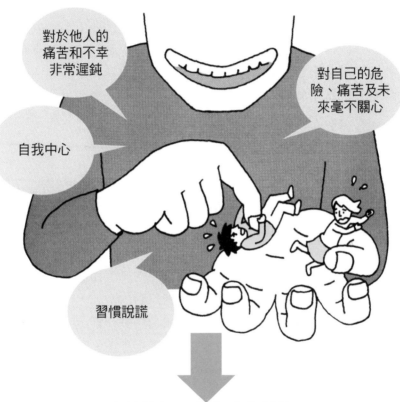

對於他人的
痛苦和不幸
非常遲鈍

對自己的危
險、痛苦及未
來毫不關心

自我中心

習慣說謊

由於他們不在意社會規範，
因此容易不斷與周圍發生摩擦、衝突。

當他們有犯罪經驗以後，就很難再進行治療或再教育。

心理疾病與犯罪
心病會引起犯罪嗎？

絕對不是「因為是心生病的人，所以才會犯罪」

●請注意我們自己本身隱藏的偏見和歧視的感情

似乎我們只要在犯罪報導當中聽到「犯人曾有精神科就醫紀錄～」就忍不住會有「是不是只要患有『心病』的人就很容易去犯罪」的想法。雖然的確有些犯罪行為是因為罪犯患有精神障礙而起，但那終究只是罪犯犯案的其中一個原因；所以，我們不能夠把所有的精神病患者都當作危險人物來看待，這是錯誤的。類似這樣深信不疑的想法，正是助長偏見和沒有根據的歧視的原因。因此我們必須冷靜地從科學角度來對患有心病的犯罪者們進行研究、分析。

●心病最容易引起的犯罪行為是？

在此我們利用最具代表性的心病：**精神分裂症和憂鬱症**來說明。首先，以精神分裂症來說，曾有過患有精神分裂症的患者，因為產生了幻覺和妄想，以為自己受到嚴重的迫害，確信自己有被殺害的危險。於是在這樣的妄想中，他出於保護自己的角度而做出了殺人、傷害、縱火等犯罪行為。甚至還有患者受到幻聽的脅迫、因為幻聽的內容而去殺人的例子。即便是沒有妄想症狀的精神分裂症，也曾經有例子是患者因為不安和衝動亢進的關係，而動手犯下大眾無法理解的犯罪。其中最為常見的，就是發生在很依賴家人的患者身上，原本的依賴性因不滿和爭執等感情上的糾紛轉變成攻擊性，最後發展成對家人施暴、傷害，甚至是殺人。

而憂鬱症，則是患者在極度壓抑的狀態下，可能會因為強烈的自殺想法而與犯罪連結。例如，有的患者因為抱有莫名的罪惡感，自以為患有重病，在不安、苦悶與絕望感之中，鑽牛角尖而想自殺，甚至悲觀地看待家族的未來，擅自帶全家集體自殺等等。

由精神病患者引起的犯罪只是冰山一角

	拘捕人員總數	其中之精神障礙等患者	精神障礙等患者之比例
總數	38萬4250人	2545人	0.7%
殺人	1241人	119人	9.6%
強盜	3335人	47人	1.4%
傷害、暴力	4萬6877人	520人	1.1%
恐嚇	1693人	27人	1.6%
強姦、強制猥褻等	5940人	82人	1.4%
縱火	825人	125人	15.2%
竊盜、詐欺、侵占	29萬756人	1196人	0.4%
其它	3萬3583人	429人	1.3%

精神障礙患者的犯罪比例絕對不高。

註・「精神障礙等患者」也包含有罹患精神障礙疾病疑慮的人。此外，所謂精神障礙患者是指患有精神分裂症、中毒性精神病、智能障礙、精神病及其它精神性疾病的病患，經由精神科專科醫師診斷並接受過治療及保護的對象皆屬於精神障礙患者。

出處・「精神障礙患者等一般刑法犯：罪名別拘捕人員」（《平成19年版犯罪白書》）

如果是因為生病而犯行就不算犯罪嗎？

責任能力的有無該如何認定？

●犯罪時的精神狀態將成為關鍵

在重度的精神障礙之下，行使的行為不會被問罪。在日本的**刑法第39條**當中明文規定「**心神喪失**者之行為，不罰」。在要定一個人的罪之前，必須要先思考這個人「是否具有責任能力」。

所謂心神喪失，是由於精神上的障礙導致無法判斷自身行為的是非善惡，或者是無法依據判斷控制自我行動，並受到精神分裂症、憂鬱症或重度智能障礙的影響而犯下罪行的情況。心神喪失者不論犯了什麼樣的罪都不會被起訴，也不會被定罪，但會成為醫療與觀察的對象。

精神耗弱的人，雖然具有判斷能力和控制能力，但是他們因為精神障礙的關係導致判斷力和控制力都比一般人低；因此，他們的罪行會被減輕，也必須接受治療。

●精神鑑定不能只用一般的方式處理

為釐清重大事件的責任歸屬而實施的**精神鑑定**，是為了判斷犯罪者是否具有責任能力。但是精神鑑定的對象，實際上是看不到且碰觸不到的人類心理，因此，並不能夠清楚地得到解答。即使精神科學者之類的臨床研究人員將其知識和經驗全部搬出來，每每還是會得到多種鑑定結果。得到的結果也不能明確地分出哪些答案是正確的或哪些的答案是錯誤的。這就是精神鑑定的宿命，或者不如說這是精神鑑定的本質。

精神鑑定的結果通常能左右一個犯人的生死，因此正確的判斷是很重要的。但是是否採用精神鑑定的結果決定權必須由法官決定。

犯罪者的責任能力

逮捕、起訴

是否具有責任能力

心神喪失

因精神障礙造成患者喪失判斷事情是非對錯之能力，或是失去依照判斷力行動之能力的狀態。

精神耗弱

因精神障礙讓患者降低判斷事情是非對錯之能力，或是依照判斷力行動之能力呈現明顯減退的狀態。

兩方皆無

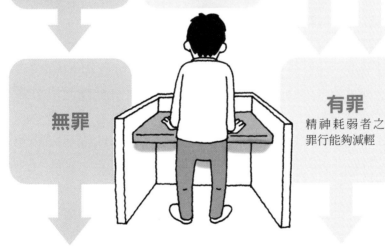

無罪

有罪
精神耗弱者之罪行能夠減輕

●強制住院（最長6個月）等。

●遇到重大刑案的時候，應依據法官與精神科醫師之合議，判以住院治療或定期回診的醫療觀察處分（也包含因精神耗弱而減輕刑罰的犯罪患者）。

●依照判決處以懲役、死刑等刑事罰則。

年幼時期的經歷會成為犯罪的秧苗嗎？

缺乏關愛或虐待，會成為心裡難以抹滅的傷痕……

●缺乏關愛的孩子心中的空虛與絕望

小嬰兒在出生後，除了從母親身上獲得食物（母乳）之外，也會得到愛和安心感，體驗到盡情撒嬌的滿足，於是開始對世界產生基本的信賴。此時如果沒有獲得母親的關愛，反而被送往育幼院或者是其它狀況的話（**母愛剝奪**），有可能會造成孩童的心靈被空虛感和絕望占據。這樣的孩子很容易產生精神方面的心理疾病，有的人還會在補償心理的驅使之下行竊、或者將自己無處宣洩的憤怒與怨恨訴諸暴力。

另外，如果在幼兒期充分感受到母親的疼愛，但和父親非常疏遠的**伊底帕斯情結（戀母情結）**沒有完全消除的話，將來很可能會變成造成精神疾病的原因。

●虐待也有可能會衍生暴力的延續

虐待也會在孩子的心裡留下非常大的傷害。除了拳打腳踢這一類的身體虐待、性虐待、言語上的虐待以外，在衣食住方面不負責照顧孩童的棄養行為（Neglect），也是一種虐待。這些虐待不但可能會變成導致孩童身體上、精神上發育遲緩的原因，也很有可能在孩子長大後發展成創傷後壓力症候群（Posttraumatic Stress Disorder；PTSD）或解離性障礙（Dissociative disorder）等各種問題行為的肇因。而我們目前已經可以確定的是，具有凶性的犯人大多都有被虐待的經驗。

而且，這些生長在暴力環境當中的孩童在長大之後，為人父母，也有的人會虐待自己的孩子，也就是說，他們會在無意識中強迫性地將自己的被虐經驗在下一代的身上重演。

對於幼童來說，面對剛出生率先會遇到的人，只能完全依賴他，但是雙親的態度如何，將會左右孩子將來是否會成為犯罪者的主要因素。

刻劃在心靈深處的傷害不會消失

性虐待

雙親不睦或離婚

號稱管教的暴力

嚴格又冷酷的養育態度

缺乏母愛

棄養

對於人格形成造成極大的影響

●心靈或身體的發展遲緩

●無意識中累積很多罪惡感

●產生無法宣洩的恨意與憤怒

●對於撒嬌的欲求不滿

將會成為未來違法或犯罪的要素

不相信自己的價值，引起自殺等自我毀滅的行為

用攻擊他人來替代自己對雙親的憤怒

心裡的缺憾利用反覆的偷竊等方式來彌補

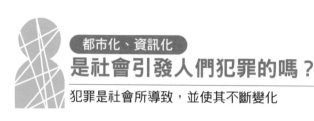

是社會引發人們犯罪的嗎？

犯罪是社會所導致，並使其不斷變化

●犯罪是社會形成的要素？

從古至今，應該沒有一個社會沒有犯罪吧？但是，犯罪是人類的本性嗎？或者是說，社會結構之中潛藏著孕育犯罪的機能呢？法國的社會學家涂爾幹（Émile Durkheim）認為，一定程度的犯罪量屬於正常的社會現象，而且也主張犯罪是隱藏在社會內部、幫助社會發展的必要能量。

如果犯罪是社會現象之一的話，應該也會像流行、習慣和文化等其他社會現象一樣，傳播而且擴散出去。根據美國的蕭和瑪喀（Shaw and Mckay）所做的調查，都市的犯罪率在有些地區比較高，而且這樣的情形即使過了好幾年也不會有太大變化。但是，住在該地區的人每年都會有些變化，於是我們合理懷疑，犯罪應該是藉由集團或人來傳播、擴散。

●現代社會當中充滿著幫助擴散犯罪的工具

近年來的重大案件，幾乎可以說全部都是由模仿犯所犯下的罪行。我們也可說，諸如此類的犯罪之所以會擴散，是由於電視媒體的犯罪報導造成的結果。此外，像這些具有能夠讓一個平凡人在一夜之間受到世界注目的電視新聞或各種新聞報導，對於那些本身有「想要向社會表現自我」的自我表現欲犯罪者來說，無疑是一種吸引犯罪（**劇場型犯罪**）的工具。而現代由於網際網路和手機等提供資訊的方式不斷進化，因此也能在同時間讓更多人得到更快、更廣、更詳細的犯罪資訊，造成模仿犯罪的機率不斷增加。

當然，就算真的接觸到犯罪集團或犯罪報導，大多數的人也不會因此變成犯罪者。那麼，到底會犯罪和不會犯罪的人的差別到底在哪裡？關於這個問題，到目前為止我們還沒有找到解答。

犯罪行為是由人傳人而傳遞開來

但是犯罪行為並不會
對每一個人都造成影響。

（如何分辨會模仿、學習犯罪的人和不會這麼做的人？）

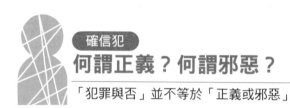

確信犯

何謂正義？何謂邪惡？

「犯罪與否」並不等於「正義或邪惡」

●為了正義而犯罪

2001年9月11日在美國境內同時發生的多起恐怖攻擊事件，是由伊斯蘭教極端分子以「正義之戰（聖戰）」為名所發起的行動。而其後引起的伊拉克戰爭，對美國來說也是一場為「正義」而戰的戰爭。由此可知，只要宗教、思想信仰、社會體制、個人的倫理不同，一般人眼中所謂的「正義」，也有可能變成完全對立的結果。

但是，當論及犯罪的時候，問題就不在區別它到底是正義或是邪惡，就像違規停車和把撿到的東西占為己有也都是犯罪一樣，是否違反法律規定，才是分辨是不是犯罪的判斷重點。

●為維護自己的信念而犯罪

我們將那些根據自己在倫理上、宗教上或思想信仰上等信念而進行犯罪行為的人稱為「**確信犯**」，他們為了實現自己遠大的理想，認為犯罪只是一個不得不的手段。

例如1972年由聯合赤軍所犯下的一連串私刑殺人事件（參閱第59頁）、1995年由奧姆真理教引起的地下鐵沙林毒氣事件（參閱第136頁）等等，都是屬於由確信犯引發的犯罪。這些確信犯犯下的罪行都有相同的特徵，他們就算被逮捕、就算要接受審判，他們也不後悔；一般認為這是因為他們想透過審判和媒體報導來宣傳自己的信仰。

Key word —— 忠臣藏的正義

「忠臣藏」是一部到現在仍然很受歡迎的復仇故事，主角忠臣藏原本是一個罪犯。但是，不論是什麼樣的昏君，為其復仇仍是臣下之忠，在這種「正義」之下，忠臣藏受到廣大讀者的喜愛。從這裡我們可以看出犯罪不完全等於邪惡的微妙關係。

當確信自己的行為是正義的時候，就算犯罪也在所不惜

使命！

堅強的信念
……絕不屈服

遠大的理想
……燃起使命感

犯罪也是
不得已的事
……顛覆價值
標準

罪惡感 X

為達成目的
不擇手段的
「勇氣」

對被害者的同
理心 X

暗殺、
恐怖攻擊
加上審判鬥
爭、暴行、
傷害等

被稱為「確信犯」的人，對自己的信仰有強
力的信念，就算犯罪也在所不惜。

基本上「犯罪」到底是什麼？

只要符合三個要素就能構成犯罪

●犯罪是由法律制定

犯罪的定義很多，其中之一，就是被法律規範，並制定刑罰的行為。因此，並非所有社會大眾或你所想像的「壞事」全部都是犯罪，根據國家和地區的不同，當然也都會不一樣；此外，隨著時代更迭，也有可能會改變。例如：日本曾經將外遇和不倫關係下所發生的性行為制定為「通姦罪」，但是自1947年修改刑法後，就不再屬於犯罪行為。

即便是大眾都認為絕對是犯罪的行為，以殺人為例，也不是絕對會被問罪。這是因為如果行為人行凶是為了正當防衛，或者是由於行凶當時心神喪失，就不會因為殺人而必須負法律責任。

●犯罪種類持續增加

犯罪也有分成「**法定犯罪**」和「**自然犯罪**」。所謂自然犯罪是指：不論時代和場所，不需等待法律制定完成，該行為本身就馬上會被大眾本能認為是反社會的行為，例如殺人、放火、縱火、強盜和偷竊等。

而法定犯罪是指，該行為本身與其說它是反社會的行為，不如說是因為法律制定後才被當成犯罪，像道路交通違規、藥物取締違規等等都屬於法定犯罪，隨著國家和時代改變會產生較大的變化。

現在日本有超過700條以上的刑罰法規，依法規總共有1000種以上的犯罪。隨著社會愈趨複雜，犯罪的數量也會不斷增加；例如由於網路和電腦逐漸普及，產生了類似駭客等等的網際犯罪等新型態的犯罪。同時，因為國際性的交際頻繁，跨國界的犯罪也在增加。

在法律層面，判斷犯罪成立的三個要件（犯罪的界線）

要將一個人
定罪的條件

1 符合「犯罪」條件
的行為
（構成要件該當性）

………… 丑時詛咒小人的
行為由於不算實
際殺人，因此不
屬於犯罪行為。

即使殺了人，若
是正當防衛則不 ………
算犯罪。

2 其行為違反法律規定
（違法性）

棄置幼兒導致死亡時，
因為實屬可預測之結果，
因此犯罪行為成立。

3 行為人具有法律責任
（有責性）

若由於沒注意到前方而
開車輾過行人則為犯罪
行為（過失罪）。

………… 即使殺了人，若
行為人之心神喪
失則不屬犯罪行
為。

不過，對於犯罪心理學（精神醫學）來說
判斷❸的有責性才是最重要的。

永山則夫

──連續射殺事件（1968~1969）

在悲慘的生長環境下長大成人的殺人犯，
是什麼原因讓他開始寫文章？

●從連續槍擊殺人魔變成死刑囚作家

　　1968年10月，永山從日本橫須賀美軍基地偷出一把手槍，分別於11日在東京、14日在京都，射殺了上前探查他是否為可疑人物的警衛；接著26日在北海道函館附近的郊區、11月5日在東京，槍殺載他的計程車司機後搶奪現金逃逸。隔年1969年4月在東京原宿侵入某建築物搜尋財物時，被巡邏警衛發現後開槍逃逸，直到數小時後被警察以現行犯逮捕。

　　永山出生於北海道網走一戶貧窮人家，年幼時遭到生母棄養、被兄長施暴，也沒有好好接受教育，就這麼長大成人。國中畢業後以「金之卵勞動者」[2]的身分到東京集團就職[3]，但最後還是變成了連續偷竊、偷渡和賭博的少年罪犯。他在犯罪時的心理特徵所顯現的是深切的絕望感和強烈的自殺願望、壓抑的情感、猜忌、掌握現實能力低下，以及高亢無法控制的攻擊衝動。

　　而由於他在被逮捕後的精神鑑定當中，表現出以無情的心理病態（affectionless psychopathy）為主要徵狀的精神病質（反社會型人格障礙），所以被認為應具有完全責任能力；但也有人認為他是在心智發展未成熟的狀態下行凶，而被認定應屬精神耗弱，所以他的判決始終遲遲無法定案，因此他的判刑一直在死刑與無期徒刑兩方擺動。最後在1990年4月，最高法院駁回他第二次上訴，於是以死刑定讞。在這段期間，連讀書寫字都沒有好好學習的永山在拘留所內自修，最後脫胎換骨成為一位擁有眾多書迷的作家。

●他為了什麼原因開始動筆？

　　讓永山「覺醒」的，其實是當時在安保鬥爭[4]下被拘留在獄中的眾多學生運動家。他在獄中學習的是這些學生運動家帶來的社會科學（馬克思

主義）理論，從讀書寫字開始重新學起，貪婪似地閱讀有關思想的書籍，在長期與法庭爭鬥之中，最後才讓自己成長，成為「寫書的人」。永山於1971年在獄中發表自己的手記《無知的淚》成了暢銷書，1984年又以《木橋》獲得新日本文學賞，這代表著他身為作家的身分已得到認同。

他在獄中覺醒，在此審視著自己的過去。

●他應該被判處死刑嗎？

透過永山的作品，加深了大眾對他的認識，同時從中也可以發現他對被害者的歉意，與想要贖罪的意念。

但是，他仍然沒有辦法構築屬於他自己的人際關係，最後還是不斷與自己的支持者和辯護律師產生衝突。（雖然死刑犯被認為是能夠達到某種心境的人，但很多是因為處於極限的狀態下，才有此境界。）

1998年8月1日，永山被處以死刑。

---

2. 意指日本昭和時代（戰後時期）支撐著國家高度經濟成長的年輕勞工。由於日本在1948年延長國民義務教育，自學制改革後，從1945年戰後起產生了很多「國中畢業的金之卵勞動者」。

3. 集團就職：指未就業者（或新畢業生）以集團方式，前往特定地域就職，盛行於日本經濟高度成長時期。

4. 安保鬥爭：1959～1960、1970年，由於反對美日安保條約的關係，日本發生了兩次由勞工和學生、市民發起大規模的反政府與反美運動，在激烈的運動中曾發生不少衝突與暴動。

酒會驅使人們犯罪嗎？

飲酒使人心情愉快，但是一旦過量就會有危險

●異常性醉酒造成的犯罪有時也算是心神喪失或精神耗弱

酒醉時，自己的自我控制力會降低、情緒會變得比較激動，這樣的情況，大家多少都還有一點印象吧（**酒醉**）？當酒醉的狀況加劇，有時還會發生半惡作劇似的偷竊、縱火、輕度性犯罪、暴力犯罪等等。這是由於這個人在酒醉時，才將平常過度壓抑的衝動一口氣爆發所造成的結果。更有甚者，如果因此將無意識之下產生的各種慾望或自卑感行動化，陷入**異常性醉酒**（複雜性醉酒、病理性醉酒）的時候，就可能會造成該行為者做出殺人、傷害、無目的性強盜、強姦等犯罪行為，也就是喝了酒以後「變了一個人」的狀態。這些行為都是由本能引發的行動，沒有任何合理的動機。

異常性的醉酒結束後，幾乎會忘記酒醉時的所有記憶，曾有一段時間，異常性醉酒甚至被當作精神耗弱和心神喪失來審判呢。

●酒精依賴與酒精中毒所引發的犯罪

人一旦對酒精產生依賴，就會變成一天無酒不行，造成酒量上升（耐酒性上升）、失眠、不安、憂鬱等**戒斷症狀**（脫癮症狀）；同時意志變薄弱，喪失熱情、耐心，造成家庭崩解、失業等結果，或者是為了酒和生活費的需要而不斷進行小偷小竊。

而且，因酒精中毒而造成的**酒精性精神病**是很大的問題。曾經有一個案例是丈夫妄想自己的妻子有外遇，因而殺害了妻子（酒精性妄想症）；此外，也有人的狀況是好似清楚地聽到有一大群人在他四周被屠殺或拷問而發出的尖叫悲鳴聲，在長期受到幻聽的影響下，為了想要逃出那恐怖的環境，因而做出為了自我防衛而加害於他人的行為（酒精性幻覺症）。

受到酒精作用影響而引起的犯罪

急性酒精中毒（酒醉）

第一階段
漸漸無法控制自己
例：動手毆打平常就很看不順眼的上司等。

第二階段
（複雜性醉酒）
壓迫感解除（平常沒有意識到的慾望轉為行動）
例：潛在的衝動轉為行動等。

第三階段
（病理性醉酒）
人性消泯（表現出也算是本能的非人性行為）
例：不明就裡的強盜、殺人等。

慢性酒精中毒

酒精依賴
●不喝不行
●活力（意志、
　知性、感情等）
　降低

疏離感、對社會的恨意
加劇，也有因此而殺人
或縱火的案例。

酒精性精神病
●產生妄想或幻覺
●因意識不清或強
　烈的不安而痛苦

曾有發生過因妄想和幻
覺引起殺人和傷害的事
件，例如酒精性妄想症
和酒精性幻覺症等。

日本人最常發生的犯罪類型？

雖然日本基本上算是一個犯罪率比較低的國家……

●雖然竊盜案多，但是凶殘犯罪極少

由於各國的犯罪定義不同，我們很難做縝密的比較，但是如果比較英國、德國、法國、美國和日本這五個國家在2005年的犯罪發生率（將確認件數[5]當中的人數換算成以每10萬人口發生的比率），英國是10405、德國是7747、法國是6235、美國是3899、而日本是1776，可以清楚地了解日本的犯罪率最低。如果以殺人來說，英國、德國、法國都是2.9〜3.5、美國5.6，日本是1.1，可以看出日本凶惡犯罪比率明顯較低。

此外，若由犯罪種類來看日本的犯罪，其中竊盜犯最多，占刑法犯全確認件數的53.3%，以下分別是交通業務過失[6]、違反道路交通管理處罰條例、毀壞器物（2006年）。

相較之下，日本的犯罪情形比歐美少的理由，應該是源自日本獨特的文化習慣背景吧。

●富庶的另一面隱藏的是不斷增加的「遊戲型」犯罪

在日本的犯罪傾向中最引人注意的，就是**遊戲型**犯罪數量的增加。而且還有個明顯的現象，那就是一些只為追求刺激而夥同同伴一起順手牽羊，或者是沒有明確動機、甚至「沒有」動機的犯罪，現在不只專屬於青少年犯罪，連成年人的犯罪，也可以看到這種類型的犯罪比例正逐漸攀升。在已擺脫貧困進入富裕年代的日本，說不定犯罪已不只是人們在生理上或財產上有所需求才會採取的行動，反而也漸漸成為一種「犯罪遊戲」。

這也是現代社會根深蒂固的病態現象，說不定它正是足以動搖號稱低犯罪率的日本現狀的危機也說不定。

---

5. 警察從被害者提出的申請書或訴狀確認犯罪發生的數量。

6. 與道路上的交通事故相關的業務過失致死傷及重大過失致死傷。

日本犯罪率低的6個理由

1 比起美國等其他國家，日本以單一民族意識為主流，因此整體意識造成的滿足度較高。

2 對家族、職場、地域的歸屬意識較強，不能讓「家庭」、「村落」蒙羞的規範意識也比較高。

3 認為不能自由擁有槍砲刀劍類的武器是一件可稱幸之事。

4 每個地區都具備健全且緊密的巡邏制度。

5 具有農耕民族特有的無攻擊性。

6 由於電視普及等造成資訊進步，強化了大眾的同理心和整體感。

但是，隨著社會情勢的變化，
也有些項目正在逐漸崩解。
此外，由富裕所導致的現代日本犯罪
（遊戲型犯罪等）也正在發展。

女性最容易犯的罪是？

女性殺人案件最常見的是弒子和殺夫

●女性犯罪者大約占總犯罪人數的2成

在2006年日本的一般刑法犯[7]檢舉總人數之中，女性的比例占全體的21.2％。原本從奈良時代以來，據說女性在總犯罪當中的比例就少於1成，但是在戰後男女平等和女性走入社會的觀念普及以後，女性犯罪的比例也逐漸增加，1962年首次突破10％，而自1986年以後突破20％的年度也增加了。但即便如此，比起男性來說，女性犯罪似乎還是比較少；理由可能是因為體力方面的問題、傳統的性別工作分擔、文化的問題等等。

女性犯罪之中，竊盜占70.2％達到壓倒性最多數（男性的竊盜占43％），其中的81％是順手牽羊（2006年）。而女性殺人只占全部殺人案件當中的2～3成，其中相當大的部分是弒子和殺夫；大多是初犯，也就是由育兒引起的神經衰弱症（產後憂鬱症等）造成的犯罪。

從前女性犯罪最大的特徵，是**被動的、激情的**。這是因為相對於男性來說，女性的生活型態比較被動和依賴，如果遇到自己無法解決的糾葛，有可能會因為被逼得走投無路而走向犯罪一途。

●「每一樁犯罪的背後，都和女性有關」這是真的嗎？

從以前就一直有一個說法：每當有一名男性犯罪的時候，他的犯案動機或他犯案的背景，一定都有一位女性占有重要且決定性的角色，也就是「**每一樁犯罪的背後，都和女性有關**」。當然這個說法也有可能是因為犯罪者壓倒性都是男性而產生的相反表現方式。但是，現在的女性犯罪當中，「每一樁犯罪的背後，都和男性有關」的例子，也在逐漸增加當中。

---

7. 將所有的刑犯人數扣除與道路交通事故有關的犯罪人數之所得。

女性的犯罪傾向和男性不同

男性　　　　　　　　　　　女性

逐漸增加

多為順手牽羊、竊盜、侵占、傷害等小罪。
殺人則是以弒子和殺夫占多數。

母親弒子的心理是

生產後心理和身體的變化

產後憂鬱症、育兒引起的神經衰弱症、照顧孩子的
辛勞、對將來的不安、在自己自殺之路上帶個同
伴、孩子的存在是個妨礙等等。

在只有孩子和自己兩人的封閉狀態下產生強大壓力

衝動性殺人

Key word —— 代理孟喬森症候群

這是一種特別容易發生在母親身上的心理疾病之一。她們常飾演幹
練的母親，努力養育受傷的孩子以取得周圍朋友的同情；為此，她們不
惜傷害自己的孩子。雖然她們傷害孩子的目的並不是想要取他的性命，
但是如果繼續傷害的行為，有時候也會發生危險（對象也有可能是配偶
等）。此外，孟喬森症候群則是一種會假裝自己生病或受傷的疾病。

高齡者的犯罪動機？

因為孤獨、因為生活痛苦、因為被照護很痛苦……

●高齡者犯罪正在增加

高齡者的犯罪正在急遽增加當中。這不單純只是因為高齡化社會造成高齡人口比例增加，而是高齡者人口當中本身的犯罪率也提高的緣故。

在1975年，60歲以上的犯罪人口比率只有總人口的2.7％，但是至2006年，就已經上升到17.5％。以犯罪類型來說，像順手牽羊之類的竊盜犯罪和侵占別人放置的腳踏車等侵占放置物品罪總共占9成，而使用暴力等粗暴犯和殺人犯也有增加的趨勢；其中的半數還都是到了高齡才第一次犯罪的「遲發性突發型」犯罪。

●高齡者發生了什麼變化？

以前的高齡者，因為精力和體力衰退，從經驗知識來看，都知道犯罪對他們來說是吃力不討好的事情，因此他們很少犯罪。而現在高齡者犯罪之所以會增加，有人覺得是因為現在大部分的老年人就算年紀大了身體也一樣硬朗，但是如果檢討每個單獨事件的話，卻可以發現與高齡者相關的案件當中浮現的問題點。

造成偷竊的動機有七成都是以利慾為目的。但是，某些高齡者犯罪是因為一個人生活產生了孤獨感和失去歸屬感，為了得到大家的注意而犯罪；甚至有的高齡者是為了見到平常見不到面的家人才犯罪。而在高齡者殺人案件當中，最受到注意的就是高齡者由於對看護的疲累，造成夫妻之間的殺人行為。通常犯人在犯案後就會自殺（未遂）或者是自首。

造成高齡者犯罪主要的共通原因，是獨居、或是老夫妻兩人獨居，這種因家庭組合變化造成對社會接觸的孤立感，也和經濟與社會福利問題有關。此外，因年老產生的輕度精神障礙引發的衝動也是非常重要的原因。

正在增加中的高齡者犯罪（一般刑法犯檢舉人員年齡組成比例演變）

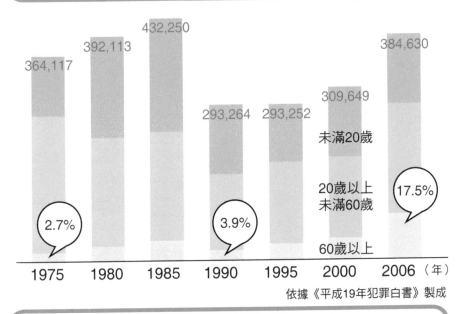

364,117

392,113

432,250

293,264　293,252

384,630

309,649

未滿20歲

20歲以上
未滿60歲

17.5%

2.7%

3.9%

60歲以上

1975　1980　1985　1990　1995　2000　2006（年）

依據《平成19年犯罪白書》製成

高齡者犯罪增加的時代背景

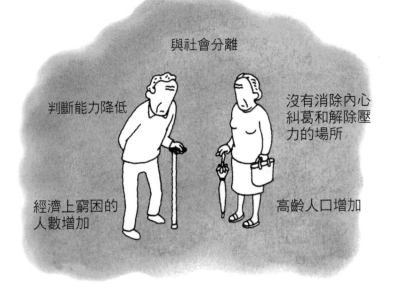

與社會分離

判斷能力降低

沒有消除內心
糾葛和解除壓
力的場所

經濟上窮困的
人數增加

高齡人口增加

為什麼無法根絕酒後駕車的行為？

即便加重懲罰「我也不在乎」

●酒後駕車造成的死傷車禍得嚴格懲役15~20年

酒當中的成分酒精，具有抑制腦部活動的效果，因此酒後我們的感覺會變遲鈍，注意力也會降低。不止於此，集中力、判斷能力、瞬間反應也會變慢、膽量變大，因此，酒後開車肇事的機率高也是必然的。為了防止酒後駕車肇事的危害，日本在道路交通管理法當中將酒後駕車明定為「犯罪」的行為（包含騎機車等），倘若酒後駕車造成人身意外事故，最重可處業務過失致死以上的危險駕駛致死罪（最多懲役20年）。

此外，光是酒後駕車，也有分酒醉駕車和帶酒氣駕車（依酒精程度而分），不論是哪一種都可能被罰3～5年以下懲役，併科50萬～100萬日幣罰金。同時吊銷駕照或懲以違法點數的行政罰。

對於放任駕駛喝酒、或者是默認者，一樣違反道路交通處罰條例，在刑法上同屬共犯，同時可能被處教唆罪或幫凶罪。

●酒後駕車也會使你變成如小偷和殺人犯一般的「犯罪者」

但自日本平成19年（2007年）起實施酒駕嚴罰化以來，酒後駕車的情況確實有降低嗎？我想，抱持著「只要不被發現就好」「只要不肇事就沒問題啦」這種心態的人應該還是不會減少吧。這就是顯示每個人心中認為的「邪惡」與「犯罪」之間有落差最好的例子。

日本對喝酒這件事是比較寬容的，對於「發酒瘋」和「喝酒應酬」，也有比較寬容的意識。但是對沒有車等於沒有腳，或是偏遠地區來說，從酒後駕車會造成的嚴重結果來看，這絕對不是能夠允許的行為。

酒後駕車的心態

只要一下就到家啦

只要不要被抓到就好（罪惡感薄弱）

絕對不會想到會不會撞到人

認為自己酒量很好一定沒問題

酒後駕車所涉之刑罰

帶酒氣駕車→3年以下懲役併科50萬日圓以下罰金
酒醉駕車→5年以下懲役併科100萬日圓以下罰金
危險駕駛致死傷罪→最長懲役20年

Key word ──「酒後駕車嚴罰化」所產生的問題點

　　日本在2002年實施酒後駕車及酒後駕車肇事加重處罰之嚴罰化對策，但是似乎也使得為逃避嚴罰的肇事逃逸之類的事件增加不少。此外，也有人指出，過重的刑罰，可能會破壞酒駕後肇事與其他犯罪的刑罰之間的平衡。

凶殘的犯罪行為不斷增加的原因？

留意過於煽情的報導

●凶惡犯罪增加！？其實只是錯覺

最近，似乎有不少人覺得凶殘犯罪的案件突然增加很多。這可能是因為，只要一發生凶殘犯罪案件，新聞頻道和wide show[8]就會連日播報，報紙和雜誌也以相當大的篇幅進行報導。但是事實上，以殺人為首的各種凶惡犯罪其實並沒有增加。

只要觀察凶殘罪犯（殺人、強盜、縱火、強姦）已確認件數的變化就可以清楚了解到，除了強盜以外，大致上來說發生件數不是持平就是減少了。

此外，雖然說犯罪有凶殘化的傾向，但其實凶殘的犯罪從以前就偶爾會發生。報紙或新聞報導，為了提高收視率和購買數量，對於這種能夠吸引大眾目光的凶殘犯罪就會大肆地詳細報導，但是對於犯罪率降低這種新聞就不會特別報導。我們平常只看得到在媒體版面喧騰一時的犯罪，於是很容易被媒體導入的印象所蠱惑。美國有一位犯罪專家就說：「國民看的不是統計數字，而是電視。」

●比較30年前與最近發生的凶惡犯罪事件

例如，在1999年到2001年這3年內，日本發生了池袋過路魔殺人事件、桶川跟蹤者殺人事件、新潟少女監禁事件、大阪教育大學附屬池田小學兒童殺傷事件、世田谷一家殺人事件。但是在30年前（1969年到1971年），也曾經發生了永山則夫連續射殺事件、淀號（Yodo）劫機事件、大久保清連續殺人事件、隔年也發生了聯合赤軍私刑殺人事件等等。所以並不是現在的犯罪有特別凶殘化的現象。在思考犯罪進化的特徵的時候，光憑印象絕對不是正確的判斷方法。

---

8. 日本獨特的電視節目型態，白天的wide show以婦女為對象，內容以爆藝人八卦新聞及讀者來信訴苦為兩大主要內容。為了與新聞節目區別，wide show播出的新聞以娛樂角度為重。

凶惡事件沒有增加（過去20年已確認案件的數量變化）

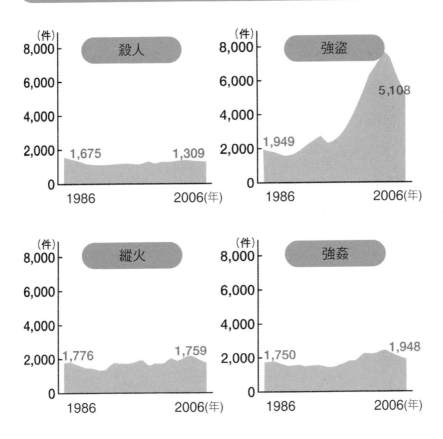

（件）**殺人**
1,675　1,309
1986　2006(年)

（件）**強盜**
1,949　5,108
1986　2006(年)

（件）**縱火**
1,776　1,759
1986　2006(年)

（件）**強姦**
1,750　1,948
1986　2006(年)

註‧強盜案件增加的原因，可能是因為統計的內容加入少年強盜等犯罪的緣故。
依據《平成19年犯罪白書》製成

Key word ── 大眾媒體的受害者

　　各媒體對於每個重大事件的狂熱報導總是來勢洶洶。他們為了爭奪最新的資訊，有的時候還會大量流出錯誤的資訊、報導被害者的隱私，甚至使被害者家屬遭到二次傷害。新聞自由或許很重要，但是應該也需要一定的自主規律。

三島由紀夫

（1925~1970）

在作品及行動中，表現出對瘋狂的恐懼

●在作品當中窺見三島精神上的危機

1970年11月25日，三島由紀夫率領著自己組成的「楯之會」的同志衝入陸上自衛隊市之谷駐屯地總監室，在呼籲自衛隊員奮起的演講過後，隨即剖腹自殺。這對一位從10多歲起就不斷發表作品、並輕易就能取得天才之名的作家來說，無疑是最戲劇化的終點。他具有分裂性的氣質，自知經常走在猖狂邊緣，持續將自我精神面的危機投射在自己的創作當中。

三島在自己的作品《金閣寺》之中，將自己和精神分裂症的主角合而為一；在《午後的曳航》當中，則正面地面對自己的戀母情結。我們似乎可以在三島的創作中，看到他面對自己的猖狂反映出來的知性面。

●三島的一生，所追求的是鮮明的存在意識

三島為了防衛自己陷入過於猖狂的危機，他追求的是鮮明的存在意識；一生當中，他經常主張與社會大眾所期待的、與社會主流相反的意識作為自己的代名詞，似乎也可以看出三島有些現實疏離感的問題。這是因為他為了做他自己、表現自己的存在，他無法只是一個「普通人」的緣故。

第2章

引起各種犯罪
不同的心理層面

為什麼殺人？

不論任何人，在心底深處都潛藏著具有殺意的衝動

●人為什麼要殺人？

對於以保險金等以金錢為目的的「**利慾殺人**」、由性慾驅使的「**強姦殺人**」、為了隱藏自己的罪行的「**隱蔽殺人**」等的殺人行為來說，殺人不過是一種手段，也就是有明顯動機的殺人。

另一方面，還有一種由於愛、憎恨、嫉妒等心理上的糾葛引起的「**糾葛殺人**」。這種類型的殺人，通常發生在親子、兄弟姊妹、熟人、朋友、夫妻、愛人之間，彼此間存在著某種關係，當這樣的關係產生了感情糾葛，成了加害者和被害者的關係時，心理的糾葛便成了鼓動犯人那一方的情緒推手，最終發展成想要除掉對方的想法，而走向犯罪一途。

每個人的心裡都會有像這樣的情感糾葛。但是會犯下罪行的人是因為某種因素導致他脫離社會規範，因此我們可以說，任何人都有可能因為衝動而殺人。

也就是說，只要是人，不論是誰都有可能是潛在性的殺人者。

●重大殺人犯具有特別的精神狀態

此外，也有的殺人行為是「為了殺人而殺人」。例如過路魔殺人事件之類的隨機式殺人、大量殺人、連續殺人、淫樂殺人等都屬於此種類型。

這種類型的殺人犯的精神狀態，稱為「**精神病型謀殺犯**」。可參考右頁所舉出的多樣且非典型的精神病學上的症狀以及人格結構。目前我們得知，這些殺人犯出生時除了遺傳性的資質，造成腦部擁有和普通人不同的細微差異部分，而且他們多在遭受到嚴酷的虐待或心靈外傷（創傷）的環境下長大。

擁有這種資質的人，一旦和環境產生嚴重摩擦或不適應，可能就會轉變為隨機又衝動、令人害怕的殺人魔。

殺人的原因不只一個

微細腦部器質性變異

環境壓力（直接動機）

幼年期心靈創傷

對於「死亡」的強烈衝動

精神病型謀殺犯的特徵（症狀與病因）

1
由醫師、鑑定人鑑定出特異點

2
在心理功能上有一定程度的功能不全

3
不論對自己或他人，對於「死亡」有強烈的期望

4
在腦部發現異常的比例很高

5
年幼時遭受虐待等經驗

為什麼一個接著一個殺？

沉醉於殺戮之血，無法停止如骨牌般一個個倒下的殺戮遊戲

●由強烈的妄想轉變為毀滅性的行動

1938年5月21日，日本發生了犯罪史上未曾有的事件，就是以「津山30人殺人事件」聞名的大量殺人事件。犯人是一位21歲的青年，他身穿黑色的高中男生制服，腳穿長筒橡膠靴，頭上綁著兩隻手電筒，就像鬼頭上的兩隻角一樣，一身奇裝異服的打扮，在腰間插著日本刀和短刀，手上拿著打獵用的連發式獵槍，在自己居住的岡山縣津山市郊外的山間村落中，依序侵入村民的家屋，對村民展開殺戮行動。在幾個小時內總共殺害了30人，最後自己在深山裡自盡。

這位青年犯人自幼喪失雙親，由在此村落務農的祖母一手拉拔長大，雖然成績優秀，但長年受肺結核所苦，不但找不到工作、徵兵檢查也不及格，就連在還留有夜訪[1]風俗的村中女性也對他敬而遠之。在這個留存古風的村落裡，這位青年感覺受到村民蔑視。

他在縝密的計畫下，一步一步實行他的犯行。從青年的遺書當中，字字句句都可以看到他對村民的憎恨和復仇的念頭，也能看到他放大了全體村民針對他的被害妄想，同時也可能有「敏感性關係妄想」[2]等心理疾病的疑慮。說他符合「精神病型謀殺犯」的特性應該是毫無疑問的吧。

●看見血就興奮

德國的犯罪精神醫學當中，有一個詞彙名叫「**血的酩酊**」。也就是說，犯人在第一次殺人犯行中看到血之後陷入異常的興奮狀態，之後即使沒有動機也持續熱衷於殺戮行為，結果犯下大量殺人案件的一種現象。這就像喚起遠古原始狩獵時代獵捕動物的狂喜一樣，被認為是一種返祖的現象。

---

1. 類似大陸少數民族摩梭族的走婚制度，是一種夜裡來、日間離開，以性為目的到訪女性臥房的日本風俗。

2. 意指異常在意他人的反應，將所有發生的事情都認為和自己有關的一種妄想症。

興奮過後，不斷追求嗜血

●大阪過路魔殺人事件（1982）

是同夥嗎！！

事件	48歲的男子A，襲擊自己的妻子以及居住在相同公寓的鄰居，殺害4人，重傷3人。
經過	●患有興奮劑中毒症的A常因幻覺產生被害妄想。 ●某天早晨因為與妻子發生細微的口角，認為妻子也是加害者的同夥，因此反應激烈，用菜刀將妻子連同11歲的兒子一起砍殺（兩人皆死亡）。 ●接著過於興奮的他奔出家門，襲擊隔壁的老夫婦（妻死亡、夫重傷），並亂刀刺殺跑到走廊上的家庭主婦（死亡），衝入樓下的家裡襲擊一對父女（兩人皆重傷）。最後為了攻擊（他自己認為）一直迫害他的黑道幹部和宗教團體幹部而跑到大馬路上。 ●在路上被警察抓住。
審判時 A的說法	「自從一開始對妻子動手以後，其他的事情我都不記得了。」 「因為太過忘我，真的一點印象也沒有。」

在殺人的行為中見血之後，
陷入興奮、激情的狀態，
接著就忘我似地不斷殺人。
（殺死第2個人以後犯案動機漸漸淡薄）

血的酩酊
其起源或造成這種行
為的機制仍不清楚。

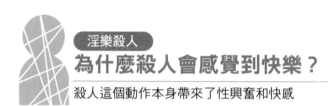

淫樂殺人
為什麼殺人會感覺到快樂？

殺人這個動作本身帶來了性興奮和快感

●殺人這個動作本身會帶來性的愉悅感

有的人藉由殺人會得到性的快感。同時，這種類型的殺人行為，通常還會加上悽慘的屍體破壞、性器官破壞，有的時候甚至還會發生吃人（同類相殘，Cannibalism）的情況。歷史上幾次比較著名的連續殺人凶手，包括15世紀法國的吉爾・德・萊斯男爵（Gilles de Rais），他殺害了300多名少年；19世紀末倫敦的「開膛手傑克」和20世紀前半德國杜塞道夫的連續殺人犯彼得・庫登（Peter Kurten）。此外，1988～1989年做出連續誘拐幼女殺人事件的宮崎勤（參考第118頁），也屬於一種「淫樂殺人」。

●心中藏有性虐式的幻想

依據FBI的羅伯・雷斯勒（Robert K. Ressler，FBI心理分析官）的分析，淫樂殺人可以分成以下兩種類型：

〈秩序型〉…這種類型的人在幼兒期時大多沒有獲得父母的關愛，通常從小都有遭受過虐待之類的經驗，因而造成心理創傷。青春期以後對於性的幻想（Fantasy）則是喜好充滿血腥味的性虐待式情景，每次的自慰體驗都和性高潮有關。而殺人，就是他們在現實世界可以用於實現「幻想」的手段。但是這些人平常的行為舉止都和一般人沒有兩樣，他們在殺人後不會後悔也不會有罪惡感，即便被逮捕入獄，在獄中也會藉由回想殺人的過程，獲得性滿足。

〈無秩序型〉…這種類型的人的長大過程和幻想與秩序型的人重疊，但不同的是在進入青少年期以後，無秩序型的人還同時罹患妄想型和解離型的精神分裂症。由於自我的解體，使殺人的衝動衝破圍籬，造成隨機的犯罪行為。這種如同過路魔形式的犯罪，很難明確鎖定犯人。

藏有幻想的他們，都是從外表無法看出來的危險怪物。

淫樂殺人的兩種類型（羅伯·雷斯勒）

幼兒時期沒有得到父母親的關愛。

由於遭受到虐待、遺棄、拒絕、雙親離婚等造成心靈創傷。

青春期後，沉溺於性虐待式的幻想，

並將此幻想與性高潮連結在一起。

秩序型

●計畫型犯案，依據特定的理由選出被害者。
●大部分都戴著「正常人」的假面具。

無秩序型

●無計畫型犯案，屬於隨機型，不挑選特定被害者。
●有時也具有精神方面的疾病。

他們將內心潛藏的「幻想」付諸實行於現實世界！

Key word —— 同類相殘

性慾倒錯（Paraphilia）其中一種類型。著名的例子是一位在巴黎留學的日本留學生殺了荷蘭女學生後，吃了她的肉。根據佛洛伊德所述，我們的祖先從前也曾經有過兄弟合力殺害他們偉大的父親（原父）後分食其血肉，藉此與偉大的父親合而為一，這也被認為是秩序和倫理道德的起源。（出自《圖騰與禁忌》）

為什麼要殺不認識的人？

在日常生活當中發生的令人無法置信的噩夢

●「過路魔」沒有具體的動機

1981年的深川、1999年的池袋、下關等地，頻頻發生了被害者人數不一的**過路魔**殺人事件。日本的警察廳[3]將過路魔認定為「在大眾能夠自由通行的場所當中，在沒有確切動機之下，將經過的不特定人士以凶器進行殺人、傷害、暴力等行為」的一種犯罪行為。這種以不特定多數為犯罪對象，沒有理由就傷害他人的犯人，他們的心到底是被什麼給吞噬了呢？

●從對社會的依賴，轉為強烈的恨意

對於過路魔事件，一般來說我們對犯人的印象都是：單身男性、沒有穩定工作、個性原本就比較粗暴，與家庭、地方上等等的社會關係疏遠，因此更加深了他們的孤立感。於是在挫折與孤獨之中，他們對不肯接納他們的「社會」產生了強烈的恨意與憎惡，因此才會對象徵社會的不特定多數人痛下殺手。

他們的心中明明是希望能夠依賴社會、希望社會和群體能夠給他們溫暖，但是因為社會一直不如他們的意，因此就慢慢地對社會和群體產生了絕望和單方面的不滿。順道一提，讓這些犯罪者動下殺機的導火線，深川的事件是因為犯人興奮劑中毒；池袋事件則可能是因為犯人的人格障礙以及精神分裂症等精神疾病發作所引起。

過路魔事件之所以無法消弭，主要是因為現代都市化只會更加深人類的孤立性；同時，愈來愈發達的資訊化社會也會滋生「我也來幹一票吧」之類的模仿犯，以及誤以為能夠利用電視報導等媒體對社會彰顯自我的犯人，這也是非常重要的因素。

---

3. 與警視廳（日本首都東京的警務部門）不同，警察廳是負責日本之公共安全跟警察的營運，職掌日本警察之狀態整備、犯罪鑑識、犯罪統計等事務指揮，監督各都道府縣警察（包括警視廳）的日本行政機關。

引發過路魔犯罪的三個背景

1 資訊化社會

報紙、電視等媒體大規模地報導犯罪，造成模仿犯的滋生。此外，做出這類型犯罪的人通常都把媒體當作訴求自己心情、歪曲的憤怒與願望的手段。

2 心理結構改變

現代社會當中有很多為了得到關愛或因為依賴性而犯罪的罪犯，他們為了表示自己自幼起就對環境或社會所懷抱的恨意或不滿，藉由化身過路魔向他人和社會宣告。

3 都市化

由於都市當中充斥著我們不熟悉的人，因此有時候很容易會對他人的感受毫無關心。當屠殺不特定多數人時，心理的抗拒也會隨之消失。

大久保清

──大量女性殺人事件（1971）

41天之內強姦並殺害8名女性。

充滿自我表現欲與虛榮的人生軌跡。

●「請問妳願不願意當我畫作的模特兒啊？」

　　1971年春天，群馬縣一連發生多起年輕女性失蹤的事件。同年5月7日，群馬縣藤岡市一位上班族女性留下一句：「有人問我願不願意當他的模特兒，但我還是去拒絕好了。」就騎著腳踏車出門，自此行蹤不明。直到她的哥哥在藤岡市內發現她的腳踏車，並在那裡看見一名開著MAZDA Rotary Coupe的可疑男子。在他上前追問時，沒想到對方竟然逃跑了，之後他將男子的車牌通報給警方，才確定這名可疑男子是住在高崎市內的大久保清（當時36歲）。最後大久保在前橋市內被抓到，交付給警方。

　　根據大久保的供述，自3月31日起至5月10日為止，包含該名女性，他在群馬縣內已經強姦並殺害了8名16歲至22歲的女性，並將這些屍體藏匿在某處，至此，這起大量殺人事件才終於被攤在陽光下。

　　當時大久保以帶著貝雷帽、穿著俄式偏領襯衫的模樣，化身畫家、美術教師或英文老師，開著白色跑車，詢問150位以上的年輕女性「要不要當我的模特兒」等話術，利用非常巧妙的言語邀約女性，上車的女性近50名，其中10名遭到強姦，而被殺害的8名女性都是因為抵抗、或是被他發現想要報警，因此才遭到殺害、棄屍。

●女性只是滿足他自己的自戀世界的道具

　　大久保清出生在較富裕的家庭，從小在母親的溺愛下長大。國小、國中的成績屬於後段班，國中時還有紀錄指出他「很會說話，具有欺騙他人的才能」。此外，大久保清從這個時期便會對女生惡作劇，在國中畢業後開始幫忙家裡務農，同時做一些販賣家電和牛奶的生意，但是都已失敗告終。

　　他的犯罪紀錄從18歲開始，像是竊盜、恐嚇、強姦致傷等，其中包

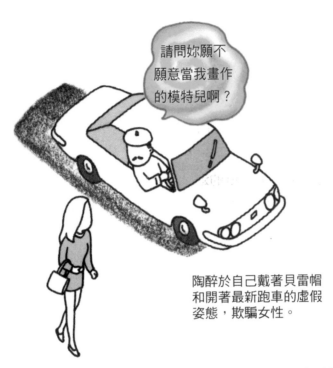

請問妳願不願意當我畫作的模特兒啊？

陶醉於自己戴著貝雷帽和開著最新跑車的虛假姿態，欺騙女性。

含不起訴和和解案件2件，一共6件，而他開始犯下大量殺人罪是在3月6日假釋出獄後沒多久。這段期間內，他在27歲時結婚，隱瞞了從前的犯罪經歷，還生下2名孩子。

　　從他的精神鑑定診斷來看，發現他具有以情緒高張[4]、自我意識為主要特徵的異常性格（精神病態），再加上爆發性的性格。女性對他來說不只是他的性慾對象，也是能夠和他共有他的想像世界，能夠幫助他滿足他的虛榮的道具。但是，當他從欺瞞自己的幻想中清醒，被迫面對現實的時候，這些女性又變成他非常憎恨的存在，導致他覺得非除掉她們不可，才會動手殺了她們。

　　1973年2月大久保清死刑定讞，1976年1月，以非常特例迅速執行死刑。

4. 擁有情感高張人格的這種人雖然開朗活潑，但是因為他們好動、好辯，因此很容易和他人起衝突。

藉由幽禁別人能獲得什麼樣的滿足？

暗藏在綁架、監禁的深處，有飼養獵物的快樂

●想要隨心所欲支配他人

2001年1月，警方在新潟市內逮捕了一位涉嫌誘拐並監禁少女的男性。這位少女在1990年9歲的時候被帶走，在該男子的房間內大約被監禁了10年。在這段期間，少女在男子的暴力與脅迫之下，受到男子擺布，而為了避免少女逃亡也對她進行飲食限制。男子藉由支配這名少女，滿足自己對「愛的幻想」。

像這樣誘拐、監禁年輕女性，依照自己的想法隨心所欲飼養的幻想，有時特別會發生在具有精神分裂傾向的青年身上。

●「返祖」──回到人與家畜的關係

但是，監禁的目的並不只是為了性方面的動機而已，監禁的目的同時也隱藏著想要讓對方在自己的拘束下任憑擺布，依照自己的想法教育、調教對方的偏執熱情。

在人類的生活方式進步到農耕和畜牧階段時，為了能夠自由地吃肉並勞役動物，人類學會了飼養家畜。也就是說，可能就是在這個時候，「支配」等於「快樂」的感受刻入了人性也說不定。像這種藉由飼養他人、隨心所欲地教育、支配他人而獲得快樂的行為，應該可以說是回到人類與家畜關係的返祖現象吧。

Key word ── 性虐待（Sadism）

這是憑藉著給予對方身體上的痛苦和凌辱，以獲得興奮和滿足的性慾倒錯行為之一。由性虐待產生的強姦行為，比起性交更能在凌虐和暴行中得到性快感。性虐待（Sadism）這個詞，其實源自於18世紀後葉法國薩德侯爵（Marquis de Sade）的文學作品，以及他自己本身的性癖好（又稱薩德主義）。

在幽閉空間中，支配他人的欲望爆發

●聯合赤軍事件（山岳基地事件，1971～1972）

背景　聯合赤軍在日本學生運動勢力逐漸勢微的情況下誕生，為了以武力實現軍事革命，他們在群馬縣榛名山中過著集體生活，同時進行訓練及教育士兵。

經過

> 形成山中組織犯罪的一種拘禁狀態
> ＋
> 焦急著想要盡快教育、養成革命戰士

> 逼那些缺少自覺的人在短時間內「自我檢討」，
> 一定要讓他們成為真正的革命者

> 這樣的要求，等於是要求一般人
> 做到根本不可能實現的事情

> 利用激烈的毆打、繩索綑綁、迫使人暴露在
> 冷空氣中等種種暴力手段進行「總清算」

他們喪失了正常情況下判斷利弊和目的的能力，
被想要改變對方信念和思想的虐待性衝動所控制。

結果　殺害12名成員，之後他們死守在淺間山莊，與警察激烈攻防長達約218小時之後被逮捕。

襲擊女性的原因？

像野獸般的強韌，冷靜、冷酷的行動

●強姦與肉食性動物的獵食行動類似

每當我們聽到「強姦」，就很容易會想到受性衝動驅使而爆發的犯人模樣。但是當我們詳細檢討每個強姦案件的行動之後，卻總會發現另一個和我們原本想像不同的犯人樣貌。

他（他們＝也有很多集體行動的例子），大多是在移動當中尋找性行為的對象，也就是「獵物」。一旦發現獵物後就會開始追蹤、接近，算準時機就馬上與獵物接觸，接著綁架、控制獵物，最後達到強姦的目的。

從精神層面來看，他們在達到目的前一階段，絕對不會受到情緒興奮難耐影響，是非常沉著冷靜。在這樣冷靜的狀態下，經過深思熟慮最後才執行任務。這種行動模式，就像原始時代人類狩獵的行為，甚至可以說和肉食性動物獵食的行動相似。此外，強姦並不是一次就會結束，只要經過一定的時間，犯案的衝動就會再度高漲，是一種重複犯案機率很高的犯罪。也就是說強姦會讓人「上癮」。

●強姦案件有增加嗎？

強姦、強制猥褻的已舉報件數，自1965至1995年這30年內，大約已經減少了原本的四分之一。由於強姦原則上屬告訴乃論（必須要由被害人本人或是法定代理人代為告訴才會受理），可想而知應該有很多黑數（被隱藏起來的犯罪未知數）。所謂的數字應該都只是冰山一角而已。

但是，近年來日本的年輕男子比起從前，變得比較不具攻擊性和暴力性，因此我們認為這一點可能也和強姦案件減少有連結關係。但是相對的也可以想見，犯罪形式可能會轉向為類似跟蹤之類，比較陰險的性犯罪。

強姦的過程可以和狩獵相比

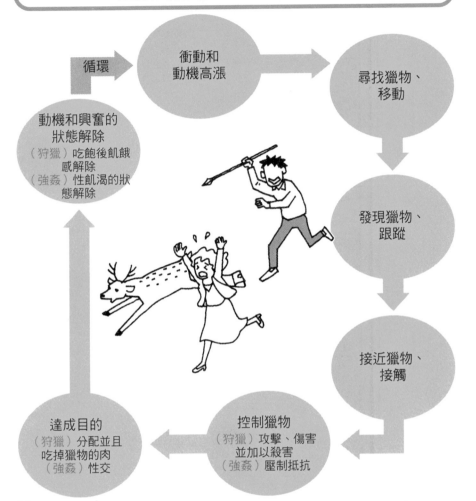

循環

衝動和
動機高漲

尋找獵物、
移動

動機和興奮的
狀態解除
（狩獵）吃飽後飢餓
感解除
（強姦）性飢渴的狀
態解除

發現獵物、
跟蹤

接近獵物、
接觸

達成目的
（狩獵）分配並且
吃掉獵物的肉
（強姦）性交

控制獵物
（狩獵）攻擊、傷害
並加以殺害
（強姦）壓制抵抗

Key word ●── DV（Domestic Violence，家庭暴力）

　　在夫妻或情侶之間發生的暴力5。據稱，所有的女性當中有三成曾經有過家暴的經驗，如果是在這樣的狀況下逼迫對方進行性行為，也算是強姦。因此，若確定有暴力行為的情況，可以依照「家暴防治法」請警察或法院介入進行保護。

---

5. 包含青春期的小孩對雙親、兄弟姊妹施加的暴力，以及老人虐待等。

襲擊年幼的孩子的原因？

由於戀童癖不是人格上的疾病，因此很難治癒

●大多數的戀童癖都是男性

所謂「**戀童癖**」（Pedophilia）是指那些對青春期前的小孩感受到性的魅力，或者是對孩子有性愛戀行為的人。和以青春期前後的少女為對象的**蘿莉控**（Lolicon）有所區別。

戀童癖是一種幾乎只在男性身上出現的**性慾倒錯**現象，當中還分成因為無法與成年女子交往而選擇兒童的「**代償性戀童癖**」和因為討厭成年女性而積極尋求兒童的「**真性戀童癖**」。因為真性戀童癖的人喜歡的都是青春期前的少年少女，有時也會增加這些人成為同性戀的機率。

戀童癖本身並沒有罪，但若其行為涉及不法侵害，極有可能會成為犯罪。依照日本兒童福祉法的規定，強制猥褻和強姦該視為性侵害刑犯的條件。戀童癖在犯罪學上最重要的問題，就是當他們接近孩童，就很容易轉化成為犯罪。從性侵害到加重成誘拐和殺人事件的代表，從宮崎勤所犯下的連續幼女誘拐殺人事件和新潟少女監禁事件就可以了解。

●治療性慾倒錯非常困難

包含戀童癖，所有的性慾倒錯問題都會碰到「有什麼特徵才是正常／異常」的問題。像是：「人類的性癖好各式各樣，沒有辦法輕易區別，即使從某種性癖好發展成異常行動或犯罪，也會產生那原本的性癖好該作為治療的重點嗎？」這一類的疑問。

不論如何，因為性慾倒錯的問題本身扎根在「衝動」的病理層面，因此以人格層次為對象進行心理治療，是很難治本的。

戀童癖（Pedophilia）無法治癒？

戀童癖者引發的犯罪

強制猥褻　　　　　　　　　強姦　　　　　有時也會同時發生誘
　　　　　　　　　　　　　　　　　　　　拐、殺人的情況

（由於孩童還在發育當中，抵抗能力較弱，因此容易引起殺人、誘拐等重大犯罪發生）

少女的
敵人

一起來
玩吧！

有可能治癒嗎？（為了防止再犯）

戀童癖的人平常大都像一般人一樣，
只有在性衝動的時候才會做出異常的行為

對於人格層面進行的治療，其矯正、治療效果很低

此外，由於這種行為和性衝動有關，
因此很可能會上癮（容易再犯）

● 日本對於性犯罪者採取的是團體工作形式的矯正課程。
● 法國和美國當中有一些州會在釋放後的性犯罪者身上裝置監控器，藉此監視他們的
行動。

隱藏在「偷竊」心理當中的真正欲望是？

就像嬰兒需要母親的奶水一般重複著偷竊的行為

●認為偷竊是正當的「權利回復」

所謂的偷竊，包含以飢餓或貧困為理由造成的竊盜、酒精或藥物中毒者偷取酒或藥物等的**供給犯罪**，還有其實沒有特別需求也沒有目的，只是不斷反覆偷竊，屬於精神官能上的「**偷竊癖**」（Kleptomania）等。

偷竊癖是一種搞不清楚自己為什麼要偷竊，但仍強迫性地反覆進行偷竊行為的症狀，習慣性地順手牽羊也屬於偷竊癖的行為之一。

這些人大部分在幼兒時期因為沒有得到母親的關愛，所以有心理創傷經歷，為了補償自己沒有得到的母愛，才會開始偷竊金錢財物。他們偷的所有物品，就象徵著從前他們應該得到的母親的奶水或乳房等愛的代替物，因此，這也可以算是某種退化為幼兒的行動。

他們似乎把偷竊當作「**權利回復**」的正當行為，因此他們對於偷竊的行為缺乏罪惡感，容易重複犯行。此外，比較常發生在女性身上的慣性順手牽羊，有時候也被認為是代表對父親的反抗、自我懲罰欲望或經前緊張症候群作祟所造成的影響。

●純粹竊盜犯除了偷竊以外，不會犯其他的罪

此外，還有被當作「**純粹竊盜犯**」的一群人。他們的一生中只會不斷地重複竊盜犯罪，不會將手伸向其他犯罪。從精神病理學的角度來看，他們被當作施耐德（Kurt Schneider）所說最純正的意志薄弱者，他們的性格特徵是倚賴環境和被動，而且大部分的人智力程度較低，因此也欠缺犯下其他罪行的能力。但是如果從精神分析的角度來看，他們的竊盜行為其實是他們幼年時期沒有獲得關愛的一種補償性的需求，在這一點上和偷竊癖是相通的。

偷竊是所有犯罪的根本

半數以上的犯罪都是竊盜（2006年刑犯之已舉報件數）

出處·
《平成19年版犯罪白書》

其他的刑犯
18.0%
毀損物品、侵占、詐欺、侵入住居、傷害、暴力、恐嚇、殺人等。

竊盜
53.3%

交通相關業務過失
（交通事故之中因業務過失造成死傷等）
28.7%

順手牽羊是非行的最初的第一步

（參考第113頁）
但是竊盜的少年往後是否只是不斷順手牽羊，抑或是會著手犯下多方面的犯罪行動，我們無法判斷他們最後會因什麼罪行而被逮捕。

大部分的累犯都有竊盜前科

以具有竊盜前科的犯人特徵來找竊盜犯，是很困難的事情（因為幾乎全部的罪犯都有相同的特徵）。

Key word ●──「強盜」＝竊盜＋暴力？

強盜是與殺人、強姦、縱火並列凶惡犯罪的犯罪之一，雖然它被認為是竊盜再加上暴力的一種犯罪，但是其實強盜也包含了像過路魔一樣，有臨時起意地闖空門造成的闖空門強盜，也有從一開始就依照縝密計畫進行的強盜等，犯罪方式從飛車搶奪到銀行強盜等範圍廣泛，無法概括而論。

綁架的理由？

雖然這是一種成功率低、刑責又重，非常不划算的犯罪……

●誘拐的目的是「猥褻」還是「錢」

誘拐的種類當中，有以強制猥褻或強姦為目的的「**猥褻誘拐**」；和以人質安全、釋放人質為交換條件向親屬勒索高額贖金的「**擄人勒贖**」等等。猥褻誘拐大部分是像過路魔一樣的犯行，被害者遭殺害的案例相當多，也有很多最後犯人沒有被拘捕到案的例子。而擄人勒贖的誘拐案件，在要求贖金和交換贖金的過程中都有可能會遇到極大的風險，幾乎不會成功。

因此我們會想，為什麼他們寧願冒這麼大的風險還是要誘拐呢？雖然在電影和小說上，這種誘拐犯都被描繪成心思細膩擬定計畫的冷靜智慧型罪犯，但是實際上從誘拐犯的精神鑑定來看，他們似乎大多有分不清幻想和現實的幻想性謊言癖，或總是侷限在自己的想像中、眼界狹小、性格執著的人，和衝動的邊緣型人格障礙症患者等。

重點是這種犯罪大多是「隨機」進行的犯罪。

●如果人質很難控制，就會不加思考地殺掉人質

以獲得贖金為目的的誘拐案，其中很多都是非常野蠻的犯行，當然很容易就會失敗，因此當犯人控制不了人質時，就會殺掉人質。另外，也有案例是事先根本就沒有準備監禁場所，誘拐後就直接把人質殺掉。在猥褻誘拐案件當中，犯人為了想要隱匿犯行，而殺害、遺棄被害者的情況占最多數。

像這種以獲得贖金為目的的誘拐案，若因為誘拐被害者讓他置身於恐怖當中，又殺害被害者，等於是最卑劣的犯罪行為，因此犯人幾乎都會被處以死刑。

誘拐犯大部分都是隨機犯案

幻想性
謊言癖
無法分辨
幻想和現實

邊緣型
人格障礙症
容易做出
衝動的行動

性格執著
容易執著於
自己的想法

像電視或小說當中
描繪的狡猾又冷靜
的智慧型犯罪者，
其實很稀少。

犯罪案例
研究

毫無計畫的誘拐者

●小吉展誘拐事件（1963年）

動機、發生	為錢所困的犯人從電影《天國與地獄》（黑澤明導演）獲得靈感，於是誘拐了當時正在公園玩耍的小吉展。但是因為他害怕被發現，在幾個小時後就將小吉展殺害了。
過程	之後向家屬要求贖金，曾一度成功地拿到贖金。
結果	雖然搜尋困難重重，但終於在2年後逮捕犯人。死刑定讞後於1971年執行。

●小雅樹誘拐事件（1960年）

動機、發生	犯人本身負債，離婚後又苦於支付贍養費，於是想到綁架「有錢人家的小孩」以換取贖金，誘拐了上學途中的小雅樹（6歲）。
過程	誘拐當天和隔天加起來一共3次要求贖金但全部失敗，因為焦躁而將小雅樹殺害後逃亡。
結果	遭到通緝後約2個月後被逮捕。死刑定讞，1971年執行。

說服犯人的方法是？

從各種動機到無任何計畫、衝動型的堅守對峙行為

●大部分都是無計畫、衝動的行為

為獲得物質上的個人利益而將人質作為擋箭牌，這就是一般的挾持人質對峙事件。1970年日航淀號（Yodo）劫機事件，是以政治目的為訴求的一種挾持人質對峙事件，1979年三菱銀行人質強盜殺人事件（參考第86頁）其實是為了保命和得到逃亡路線，最後不得已才變成挾持對峙的事件。

但是挾持人質的對峙事件當中，最多的情況是因為個人動機和精神病理學上的原因所引發的，總計占全部對峙事件七成。以個人動機來說，最多是因為男女關係的糾葛造成，吃醋吵架到最後，其中一方一怒之下從廚房拿出菜刀，結果最後演變成對峙狀態，根本沒有明確的需求。而在精神病理學上的原因當中，則是由興奮劑或酒精中毒引起的被害妄想占了大多數。

●最重要的是要讓對方說話

不論是因為犯罪結果最後所導致，或者是因為個人動機而起造成的對峙，這些對峙都是無計畫性且衝動的。所以在遇到這樣的狀況時，首先必須先給他們一些冷靜的時間，最重要的是要先讓精神亢奮的犯人平靜下來。因為犯人其實知道對峙是無意義的，也知道傷害人質對他們沒有好處，因此只要他們能夠冷靜下來，警察就比較能夠說服他們。

而在交涉時最重要的，就是要積極聆聽犯人說話。對犯人說的話要有回應，並且重複對方說的話，再加以反問。但是絕對不能表現出好像可以答應他的要求或是可以和他妥協的模樣。只要犯人的精神狀態穩定，能夠理性思考，就能提高犯人投降的機率。

說服挾持人質對峙的犯人

事件剛發生時最危險

犯人此時正處於緊張、亢奮的狀態，無法理性思考。

因強盜等原由在逃亡中發生對峙

因男女問題在暴怒之下發生對峙

以引發騷動為目的的對峙

在政治、思想的背景下發生的對峙

精神障礙者引發的對峙

無計畫性，但是因為他們知道傷害人質會對他們不利，因此只要給他們一些時間就有可能和他們交談。

有時候連犯人都沒有意識到自己正在和人對峙。要站在犯人的角度聆聽他的主張。

他們希望有人聽他說的話，希望得到他人的認可，因此應該要先滿足他的需求。

他們的目的是宣傳自己的想法。大多數的情況下，只要有媒體報導或是用其他方式達到目的就會投降。

因為很難跟他們溝通，所以不容易說服他們，這時我們不能反駁，要試著理解。

積極地聆聽犯人想說的話。

只要沉著冷靜地處理，犯人也會冷靜下來。

劫機犯獨特的心理是？

是有訴求的「人質挾持事件」還是精神障礙引起的「個人正義」？

●組織性、政治性劫機是需要依賴對方的犯罪

1970年，日本赤軍為了逃亡到北朝鮮而引發日航淀號（Yodo）劫機事件，1972年聯合赤軍為了奪回獄中夥伴而製造日本航空472號班機劫機事件（劫機、人質事件），此外，還有2001年在美國發生911多起恐怖襲擊當中的蓋達組織劫機事件等，都是依據自己的政治理念、思想和信仰，組織性的進行劫機計畫。除了激進的自殺式自爆外，這些劫機都屬於一種人質事件。

然而，其實他們的犯行中的某部分帶有強烈依賴的撒嬌性質。因此，若對方態度堅定、拒絕接受，他們的行動就會失去意義，也就是說他們的行動的成敗與否完全取決於對方的態度。

●藉由搶奪空間，一舉恢復自我認同

此外，也有一個人獨自進行的劫機事件。其中有的人是因為本身具有各種精神障礙或是因為憂鬱症，才會實行這「一個人的正義」。1999年全日空班機劫機殺人事件的犯人，就是一位28歲青年的單獨犯案。（參考右頁）

從這位青年的精神鑑定可以看出，單獨犯案的劫機者，他們的心靈都是空洞的。雖然他們的智商高，但是因為一直無法適應社會、經濟和人際關係，自尊情感顯著低下，於是陷入憂鬱狀態，具有強烈的自殺意念。當他想到他可以「搶奪已經失去重要羈絆的空間」「控制眾多的人（陪他一起）自殺」的時候，就能馬上一掃陰霾、心情高揚，也就是說他藉此能夠突然感覺到自己無所不能，像是英雄一樣。因此我們可以說單獨犯所做的劫機行為，是一種為了回復自我信心而做出的魯莽賭注。

「躁」的犯罪，能將「憂鬱」的現實翻轉過來

●全日空班機劫機殺人事件（1999）

動機　犯人雖然自國立大學畢業，但是沒能如願進入大企業就職。之後不斷發生失蹤和自殺未遂的情況，於是住進精神病院，出院後也時常進出精神科診所。他是飛機迷，一直都有想要操縱巨無霸客機的夢想。

過程　他對機場保全系統的缺失提出疑惑但不被受理，因此引發怒氣等種種負面情緒，於是攜帶尖刀進入機內，起飛後前往駕駛員座艙。

結果　在多次命令更改目的地之後，刺殺駕駛（事後死亡）。就在飛機即將要墜落之前犯人終於被制伏，還好沒有釀成重大慘劇。審判的結果，該名犯人被診斷為精神耗弱並處以無期徒刑。

犯人的心　在表面的動機深處，隱藏著對社會的不適應所產生的深沉絕望和自殺的想法。

犯人認為，劫機是一齣能讓悲慘又「憂鬱」的自己大逆轉的「躁」動戲碼。

Key word ── 斯德哥爾摩症候群

意指在劫機或人質挾持對峙等事件當中，人質對犯人產生好感或親近感的一種反向心理反應。遭到監禁的人明明可以逃卻不逃跑，或者是無法退出狂熱的邪教集團，這些都是出於相同的心理。

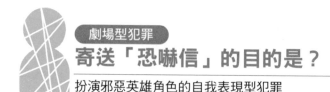

寄送「恐嚇信」的目的是？

扮演邪惡英雄角色的自我表現型犯罪

●以固力果・森永事件為開端

在1984～1985年期間發生的固力果・森永事件當中，不斷收到一名自稱「怪人二十一面相」的嫌犯寄出的恐嚇信。電視新聞、報紙等媒體以實況轉播的方式大規模地對此事件進行報導，犯人也藉此積極地向媒體主動提供各種資訊，同時犯案。在這個事件後，這類型的犯罪就被稱為「**劇場型犯罪**」。犯罪本身是一齣戲，犯人是主角，而觀眾就是大眾，整體就像一個「劇場」的結構。

1997年發生的神戶連續兒童殺傷事件（參考第148頁）也是一樣，犯人少年A在被害者的遺體上放了一封「挑戰信」、寄犯案聲明給報社等，同樣也具有犯罪劇場的特性。這些犯人似乎只把自己當作邪惡的英雄角色，「演出」一場犯罪戲碼。

●經由媒體報導，模仿犯案的人也開始增加

劇場型犯罪的犯人，也可以說是「**表演型人格障礙**」（histrionic personality disorder）。他們總是希望引人注目，是一群想讓自己看起來比一般人還要優秀的人們。但是如果他們在青春期後遭受挫折，不得不面對悲慘而且沒有任何優點的自己，就有可能想到利用犯罪表現自己，藉由邪惡的英雄角色誇示自己的存在。也可以說是自我確認型犯罪的一種。

他們看著媒體大肆報導自己的犯罪行為或犯罪聲明，若是人質事件有時候還可能會用現場直播的方式同步報導，藉此滿足自我表現欲。有時這些報導可能還會影響其他擁有相同特質的人，引出更多模仿犯。

犯人利用犯罪向社會表現自己

●固力果・森永事件（1984～1985）

起源

江崎固力果的江崎社長在自宅遭犯人擄走，犯人要求贖金10億元和金塊100公斤。

3天後，江崎社長自行脫逃，安全得到保護。

犯人寄出多封恐嚇信給報社，內容表示已將氰化鈉放入固力果的商品當中。

> 給　悲慘的警官們
>
> （中略）
>
> 因為固力果太自大　就跟我們說的一樣
>
> 在固力果的產品中　放入了氰化鈉
>
> 有兩個放入0.05克氰化鈉的產品
>
> 放在名古屋和岡山之間的店裡
>
> 雖然不會死人　但是會住院
>
> 吃了固力果　大家一起去住院吧（以下略）

過程

之後，犯人也寄了恐嚇信給森永製菓、HOUSE食品等大廠，索取現金。次年，在收到犯人寄出「我不再寄恐嚇信給食品公司」的信以後，此事件終於結束。最後就在仍然抓不到犯人的情況下，2000年已超過了追訴時效。

犯人意識到社會大眾的眼光，有目的地利用媒體

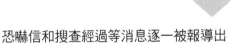

恐嚇信和搜查經過等消息逐一被報導出來，全日本都知道這些資訊。

→犯罪娛樂化

→犯人變成某種型態的明星

此後，模仿犯和假冒此事件的犯人層出不窮。

→犯罪報導的功過

為什麼能若無其事地欺騙人呢？

欺騙對方，讓對方相信自己沒有受騙

●為什麼人會受騙？

〈匯款詐騙〉…逆向操作家屬會擔心的心情，利用電話等方式傳達盡快交付款項的要求，讓被害者匯款入帳戶。這種方式的犯罪利用了高齡化社會老人孤立性，以及現代人對於突發事件反應的不堪一擊，還有只要用銀行戶頭就能夠簡單匯款的便利性，可以說是非常了解現代社會狀況。

當接到這種電話的時候，不論對方如何煽動你的情緒，也千萬不要照自己的判斷行動，一定要先和本人或其他的親屬聯絡以後，確認是否有疑點再進行動作。

〈惡質販賣〉…包含利用密室等場所煽動人的情緒以販賣不當的商品（**催眠販賣**）、以加入會員就可以得到有利的回饋為號召促使人購買高價的商品（**多層次傳銷**）、挨家挨戶拜訪，煽動人性的不安，說服人們進行不需要的施工等藉以要求付出多項費用（**惡質裝修**）等，惡質販賣的手段可以說是五花八門。如果不想被騙，首先對於「好康的事」必須要抱持疑問，要具有警戒心，不要太容易就受騙上當。就算是非常親切，看起來好像可以信任的人，也千萬不可馬虎。因為與被害者構築最初的信賴關係也是詐欺的手法之一。甚至有人根本不知道自己已經被騙了。除此之外，也要注意自己完全沒有印象的「**虛構帳單**」。

●錯在被騙的人

詐欺犯被認為通常具有「**表演型人格障礙**」的問題。他們習慣為了讓自己看起來體面而裝模作樣，而且似乎總認為其他人都很愚笨，被騙都是他們自己的錯。

惡質販賣打動下手對象心理的技巧

親自聽你說話等。

↓

建立信賴關係，
進入你的家裡。

↓

一旦接受了對方的要求，接下來就很容
易一次一次地再接受對方的要求（下意
識想要讓自己的言行具有一慣性）。

先提出一個很可能馬上就被
拒絕的大要求
（例如購買價值100萬元的商品等）。

↓

接著再提出比較小的要求
（例如請你購買價值10萬元的商品等）。

↓

只要第一個要求太大，第二個要求就會
顯得比好像比實際上小。此外，拒絕別
人所產生的罪惡感也會發生心理作用。

除此之外，在「惡質裝修」和「販賣高利循環商品」的詐騙手
法當中，則是運用「再這樣下去地基就會腐壞」或「只靠老人
年金，老後無法生活」之類等煽動人心的不安來騙取金錢。

**在知道對方是來推銷的當下，
斷然拒絕**

動手是人類的本能？

粗暴的暴力犯行，其實是「血氣方剛」？

●怒氣馬上轉為暴力

有些人容易動怒，並馬上以暴力表達訴求。19世紀德國的精神醫生施耐德，把他們分類在「**爆發者**」當中，現在我們則將他們診斷為「**衝動控制障礙**」。

這類疾患共有兩種類型，一種是街上的小混混、飆車族之類的粗暴犯類型，只要遇到一點點小事，怒氣馬上直衝腦門開始胡鬧；另一種是當不愉快的感受鬱積到一定程度才突然大爆發，做出殺人、傷害致死等重大犯罪的類型。

他們的暴力行為，尤其會因為酒精引起的酒醉和濫用藥物而被特別強化。

這種人大部分會在中年以後，當體力和驅力（trieb）都衰退時，原本的暴力犯就會金盆洗手，開始往社會化的方向改進。一般大約在35歲之後會逐漸遠離暴力，將從前的生活當作是「血氣方剛」，開始慢慢融入市民生活。有點類似從飆車族「畢業」的感覺。

●男性荷爾蒙會增強人的攻擊性

造成這種高攻擊性的個性，雖然大多都是在具有暴力家長的家庭中長大的遺傳性、教育性因素比較大，但是因為攻擊性會隨年齡增加而減退，因此也已確認攻擊性其實也和男性荷爾蒙的多寡有關。因此，也可以說明為什麼男性犯罪者較多，以及中年期以後為什麼攻擊性會減退。

此外，歐美國家為了預防暴力累犯者再犯，還嘗試著對他們投與抗男性荷爾蒙藥劑，目前也已經可以看出一定的效果。

驅使人暴力的因素

養育環境
失去父親，或者是在有暴力傾向的雙親虐待下長大，學習到暴力行為。

男性荷爾蒙
由於胎兒期發生的問題造成腦部男性化，有時在過度男子氣概影響下提高攻擊性。

社會環境
生活在犯罪組織或暴力集團等暴力至上主義的次文化之中，學習到其價值觀和行動模式。

動機
受不了人際關係與社會環境的壓力而爆發。有時也和喝酒及藥物成癮有關。

想要縱火是一種病嗎？

縱火是發洩鬱悶的出口，藉此得到快感

●縱火是「弱者」所引起

縱火是造成日本火災的主要原因（2005年），縱火的原因除了想要隱匿竊盜或殺人等犯罪、復仇、盜取保險金之外；也有些是由老人、小孩、女性、缺乏自信者所引起，因此又被稱為「弱者的犯罪」。

他們通常無法排解日常生活中不斷累積的感情糾葛、怨恨、憤怒和不滿，也無法直接向對方直接發怒，於是在補償心理的作用下，也就是為了發洩心中的鬱悶，做出出氣筒式的縱火行為。對他們來說，火帶給他們的解放感應該也發揮極大的作用吧。

●縱火也是一種「病」

此外，也有的縱火犯只是「為了縱火而縱火」，也就是以點火這個行為本身為目的的縱火犯。

這些人又被稱作「縱火狂」（Pyromania）。從精神醫學的角度來說，這是屬於一種衝動控制障礙。

他們對於縱火相關的一連串的事件，包含縱火前的準備、點火之前的作業、起火時的光景、滅火工作、群眾的騷動等，在生理上、心理上都會感覺到強烈的快感。

這一連串的行為，對他們來說彷彿就像性行為的過程一樣。實際上，點火時的緊張感和刺激感，以及看到火焰燃起時產生的快感等，有時還會帶給他們如同性高潮般的感受。

此外，有一些情形雖然還沒有到縱火狂的程度，但是也有在酒醉狀態、意識模糊狀態下發生動機不明的縱火例子。

縱火犯的三種類型

有目的性的縱火

因怨恨或想詐領保險金等利害
關係，或者是想隱匿殺人或強
盜等犯罪所做的縱火行為，都
屬於目的明確的縱火。

縱火症（縱火狂）

主要是藉由偷偷的縱火來獲
得性興奮和歡愉。

意識模糊狀態下的縱火

純粹沒有任何目的的縱火行為。
例如由藥物引起的興奮狀態、或
因酒精引起的酒醉狀態等，在所
謂的人格被束之高閣時的「意識
模糊狀態」下所做出的行為。

Key word •── 金閣寺縱火事件

1950年7月，鹿苑寺舍利殿（金閣）被自家的徒弟僧（學生）林養賢
放火給燒光了。犯案當時，他就有初期的精神分裂症，對住持和周圍的
人抱持著被害妄想。而對於金閣寺，則有愛和憎恨這兩種矛盾的感情。

什麼樣的人會成為跟蹤狂？

無同理心的現代社會中的病態代言人

●妄想自己被愛著

所謂的跟蹤狂，是指對素不相識的人、分手後的情人或妻子糾纏不清，利用打無聲電話、寫信或電子郵件讓對方感到厭煩，甚至是跟蹤、監視等，不斷重複這種單方的纏人行動。從精神病理學的角度來看，可分為右頁的5種類型。不論是哪一種類型，他們的特徵都是單方面地對對方懷有戀愛感情和關愛之情，而且認為對方也對自己懷有戀愛感情和關心（或者好像是有）的「戀愛妄想」（被愛妄想）。

●跟蹤狂是如何產生的？

跟蹤狂的共通點就是具有依賴性和攻擊性的心理，也可以說他們在心智還沒有成熟的情況下就長大了。這樣的結果，可能是因為他們將幼兒期對人的絕對依賴關係直接帶到現在，在現代母子關係（保護過度或漠不關心）和缺乏父愛的社會背景當中產生。

在小家庭化、少子化、資訊化、機械化的現代社會中，會使得孩子在不擅常人際關係的狀態下成長，便容易形成不會為人著想，無法和他人建構出適當人際關係的孩子。這些特性和造成拒絕上學、學校霸凌和拒絕上班等行為的起因相同。於是在擁有這種特性的人之中，就產生了無法採取正常求愛的行動，而使用跟蹤這種錯誤方式的跟蹤狂。

Key word ──「跟蹤狂防禦策略」

第一、一定要明顯表達出「不」的訊息，光只是見面聊天給他滿足感是無法解決問題的。第二、最有效的方式是請家人、上司、朋友、甚至是律師、警察、諮詢師等「第三者」出面。

5種類型的跟蹤狂

① 身心症類型

由於精神分裂症等身心疾病，讓自己產生戀愛妄想，以為對方也對自己有好感；而且這種類型的人大部分同時還具有各種類型的關係妄想和被害妄想。

② 偏執狂類型

不論別人說什麼都不會動搖，具有強烈的戀愛妄想。和①不同的是這種類型的人在其他方面和普通人沒有什麼不同。

④ 自戀類型（自戀型人格障礙）

經常性的自我中心，認為自己被稱讚是理所當然的事。當遭到拒絕的時候會產生激烈的憤怒和攻擊性的反應。

③ 邊界性類型（邊緣型人格障礙）

情感非常不穩定，介於身心症和精神病之間的類型。這種類型的人完全不在意對別人是否造成困擾或不愉快。

⑤ 精神病患類型（反社會型人格障礙）

單方面地表現自己的欲望和感情。這種類型的人大多具有違法犯罪等前科，同時也大多沒有工作。

出處・《跟蹤狂的心理學》（福島章・PHP新書）

Key word ——《騷擾行為規制法》的效果

依據日本2000年制訂的《騷擾行為規制法》，跟蹤行為構成犯罪的一種。據說這些跟蹤者只要接到警察的警告大多數馬上就會停止跟蹤的行為。對於心理特徵是「幼稚和不成熟」的跟蹤者來說，他們對權威者提出的警告似乎有意外順從的一面。

欺負自己的小孩的原因？

難道喪失了養育孩子的母性了嗎？

●認為孩子是自己的所有物

所謂虐待兒童，是指父母對自己的孩子施行**身體虐待**（毆打、腳踢、用菸蒂燙傷皮膚等）、**精神虐待**（言語暴力等）、**性虐待**（近親相姦等）和**棄養＝疏忽、拒絕照顧兒童**（不給孩子食物、對幼童棄置不理），甚至導致死亡。經過調查，日本在2007年虐待致死的51件案件當中，加害者是親生母親的比例占70.4％，親生父親占20.4％；動機為「管教」的比例占24.3％，接下來分別是「對孩子不聽話的反應」「精神疾病造成的行為」「非期望下的懷孕、生產」等。

對於這樣的問題，大眾通常都會怪罪於父母親的異常性或母性喪失等，容易被認定為是現代人的病態造成的結果，但是虐童的情況實際上從很久以前就存在於世界各地。

會虐待孩子的父母親，通常也具有不成熟的社會性、情緒不穩定、無法壓抑攻擊和憤怒的人格障礙。他們認為孩子是自己的所有物，可以隨心所欲地加以控制。

像這種假藉管教名義的暴力、只要孩子不聽話就蠻不講理的發怒情況，之後只會愈趨嚴重，於是孩子就會被養成懷有心靈創傷的「成年兒童」（Adult children，簡稱AC）。

●會虐待孩子的父母大多也是受虐長大

大部分會虐待孩子的父母，自己在幼年時期也有被虐待的經驗。父母本身對於自己在幼年時期遭受的虐待存有創傷，因而在無意識之中將自己受虐的經驗反射到自己的孩子身上。虐待不但會對孩子造成身體與精神上發展遲緩的問題，有時也會演變成創傷後壓力症候群（PTSD）、解離性障礙等重大的疾患。而這樣的障礙更會助長父母虐待孩子的情形。

施虐者／受虐者

受虐兒身上常見的特徵

身體上、精神上發展遲緩、人際關係障礙、自我評價低、尿床等。

主要加害者

親生母親	70.4%
親生父親	20.4%
母親的交往對象 其他、繼母、繼父等。	3.7%

主要動機

管教小孩	24.3%
小孩不乖等（孩子不聽話的反應）	13.5%
妄想等（精神疾病造成的行為）	13.5%
因疏於照顧而造成的結果（無殺意、害意）	13.5%
否定或拒絕承認孩子的存在（非期望下的懷孕）	13.5%

註・其他，把對伴侶的憤怒轉到孩子身上等。
（出處：「關於虐童致死事件之鑑定結果等」厚生勞動省）

只有在家庭這個密室裡發生的犯罪
非常難發現也很難處理。

Key word —— 家庭暴力當中的「性虐待」

　　虐待兒童的行為中，有一種為性虐待。強制性、暴力性的性虐待發生在父親對女兒、媽媽對兒子之間，有時也有兄弟姊妹間的案例。「對親人下手」這種扭曲的性衝動，有時候也正因為來自於想要挑戰禁忌的欲望。親人間的虐待通常會重複發生在孩子每一天的日常生活當中，對孩子心靈的傷害非常深，即使長大成人，孩提時代的心靈創傷也只會更加嚴重，永遠不會消失。

為什麼要偷看呢？最後會動手觸碰嗎？

任何人都有偷窺的心理嗎？癡漢都是膽小鬼？

●在「沒有獲得對方同意」之下看到的「祕密」令人興奮

「偷窺」和「偷拍」，是藉由偷偷窺視或偷拍他人更衣、入浴、如廁、性行為的畫面，得到性興奮和性滿足的行為。在某種程度上這種行為雖然也屬於一般的性需求，但是如果是因為強迫症的關係，忍不住就想偷窺而演變成慣性偷窺的情況，就屬於「**窺視症**」，為一種性慾倒錯。而通常患有窺視症的人，已無法藉由觀賞脫衣舞或利用窺視小屋[6]等在「雙方同意」下進行偷窺得到滿足。一般來說，他們的性興奮會在自慰之後結束，並不太會增強到強制猥褻或強姦的地步。

佛洛伊德指出，這種偷窺的欲望，是源自於幼年時期看到自己的性器官造成的心理現象。或者也有可能是因為在幼兒時期目擊到父母進行性行為，導致的一種反覆強迫重現原畫面的心理反應。

●癡漢都很膽小而且唯唯諾諾

「癡漢」大部分都是在都市當中，特別是在人群混雜的大眾運輸當中進行的性犯罪。這些癡漢的共同特徵，就是膽小而且又唯唯諾諾。癡漢的衝動，除了源於對於性的欲求不滿之外，生活壓力造成精神不平衡也是重要的原因之一。但是他們並不認為自己有錯，反而是怪罪於和他們同乘的被害者。於是在這樣的自以為是的理論和合理化自己的行為之下，大部分的人對於自己的所作所為並不感到罪惡。此外，被害者的沉默也會造成行為者誤以為對方並不討厭，反而更加助長這樣的行為。

一般來說，只要被害者做出抵抗或者是大聲喝止，癡漢就會馬上中止犯行。最近會抵抗、告發的女性雖然有增加，但是另一方面遭到冤枉的情形似乎也變多了。

---

6. 窺視小屋為日本性產業的型態之一。店內中央有一個舞台以單向鏡圍繞，鏡外周圍設置著幾間小房間，讓客人在小房間內窺視舞台上表演（裸體跳舞或自慰）的女性。

會做出偷窺和癡漢行徑的人都是哪種人？

偷窺的人…

● 自卑感和不全感（對自己的不滿）強烈，大部分與異性交往的社交技巧不純熟。

● 對於「偷窺」這個行為，也被認為隱藏著對該對象的支配欲和攻擊性。

● 年輕男性較多，女性較少。

● 比起歐美來說，日本的癡漢和偷窺者比較多（歐美則是露出症比較多）。

會做出癡漢行徑的人…

● 除了對於性的欲求不滿之外，因壓力蓄積等造成精神不穩定也是他們的特徵。

● 有時候也有女性做出這樣的行為。

● 也有以團體行動，進行有組織、有計畫性的集體活動。

Key word ── 偷窺、癡漢是犯罪行為

偷窺（窺視）除了因侵害個人隱私與騷擾行為會以違反輕犯罪法論罪外，在各都道府縣的迷惑條例7當中也可以看到，針對這種騷擾行為有時會被處以「1年以上徒刑或100萬日圓以下的罰款」（東京都）。

癡漢也會因違反各自治體制定的迷惑條例或強制猥褻罪定罪（6個月以上10年以下徒刑）。

---

7. 迷惑條例：為防止對大眾造成明顯困擾的暴力或其他不良行為而制定的日本法律規定總稱。

梅川昭美

—— 三菱銀行北畠分店人質強盜殺人事件（1979）

與警方對峙42小時，自暴自棄做出不成功便成仁（豁出去）的決定

●在銀行內開展的地獄變相圖

1979年1月26日下午，梅川昭美（當時30歲）在大阪市的三菱銀行北畠分店以自己攜來的獵槍開了一槍後，準備進行搶劫。

他要求女性行員拿出5000萬日元，並毫不猶豫射殺了一名將手伸向緊急電話的男性行員，接著繼續要脅行員拿錢出來，在行員把錢塞到他帶來的背包時，連續射殺了巡邏中的警部補8和遲遲趕來的巡查員。當騷動愈鬧愈大，梅川放下銀行的鐵捲門，利用桌子和沙發做出屏障，將銀行內40名行員和客人當作人質，開始和警方對峙。同時讓人質排成一列，指名要分店店長站出來，在分店店長往前踏出的瞬間將他射殺。

梅川並引述帕索里尼的電影台詞「讓你們嘗嘗看在罪惡之都的滋味」，讓人質和四具屍體一起在銀行內待了42小時，逼迫他們體驗地獄般的感受。他要女性全裸、男性則是必須光著下半身走路，當作梅川的盾牌，也不讓他們上廁所。他讓其他行員切下已經奄奄一息的男性行員的耳朵。1月28日早上8點41分，大阪府警察的特殊部隊警察官共33人終於突破進入銀行，集體將梅川射殺。

●到底是「一舉成功」呢？還是「自我療癒的一場賭局」呢？

梅川在15歲時就犯下強盜殺人致死（殺人）案件，被送至中等少年觀護所。當時的鑑定結果是「冷酷、反社會的、不協調性精神病質，造成他容易產生短路反應、缺乏感情」。表現出施耐德所說的無情的病態性格者、DSM（精神疾病診斷與統計手冊）當中所記載的「反社會型人格障礙」的特徵。一年半後從少年觀護所假釋，之後雖然沒有犯罪紀錄，但是總結來說，他的人格問題到最後還是沒有矯正成功。

事件發生之前，梅川還曾經說過「我也到了不應該讓老媽擔心的年紀了」，可能就是因此想要藉由搶銀行一舉得到大量金錢也說不一定。又或

當時手持獵槍與警方對峙的梅川心裡，到底在想些什麼呢？

者是，他不穩定的憂鬱氣息和挫折感，驅使他做出放手一搏的行為，想藉此回復他自己的自我認同感。

　　關於這個事件，媒體以煽動的方式報導事件開端到警隊闖進銀行為止的情況，將梅川塑造成一種「反派英雄」的角色。此舉造成事件過後，襲擊銀行與信用金庫的即時強盜犯流行了一段時間。

---

8. 警部補：日本警察階級之一，位居警部之下、巡查部長之上。

何謂菁英犯罪？

企業或組織以利益為最優先考量的邏輯思維，也會衍生犯罪行為

●最具代表性的是收贈、賄賂及瀆職

所謂「白領階級犯罪」，是指社會地位高、有名望的人在業務過程中所做的犯罪[9]，主要包括收贈、賄賂、背信、侵占、瀆職、內線交易等與金錢相關的犯罪。

除了利用個人身分地位中飽私囊的案件外，也有不少人將這樣的行為視為公司的慣行，當事人對犯罪感和罪責感非常稀薄。由此突顯出個人對公司這個組織過度適應，以致忘卻了法律規範。

●公司集體犯罪

像這種重視利益甚於遵守法令的企業體質之下所產生的犯罪，也有公司組織全體大規模進行犯罪的例子（**組織型犯罪**）。像是2000～2001年雪印乳業的食品公司，爆發牛奶遭到污染以及偽裝牛肉事件；2002年三菱汽車爆發長期隱瞞產品缺陷等事件，也可以稱為組織犯罪吧。從外界的眼光來看這些不可置信的犯罪，似乎也可以說，是在日本特殊的終身雇用、年功序列[10]的企業文化下產生的社會病態現象。

但是近年來，經由內部告發讓這種型態的企業犯罪公諸於世的情況已逐年增加。這或許是在全球化趨勢下，企業生態不得不實施大規模改革的緣故吧。

只不過，由於組織群體犯罪的情況不容易被發覺，就算被發現了也有可能因為藏匿資料造成證據不足，最後很多都是不起訴處分結束，這也是組織犯罪的特徵。此外，在問題暴露時，有時也會由個人負起全部責任，從內部準備一個人來替組織做代罪羔羊。

---

9. 此為美國學者蘇哲蘭（Edwin Sutherland）所做的定義。

10. 年功序列為日本的一種企業文化，以年資和職位來訂定標準化的薪水。

比起法律規定，更加重視利益的公司思考邏輯

賄賂的交易、濫用職權或利用地位瀆職、
逃稅、內線交易等

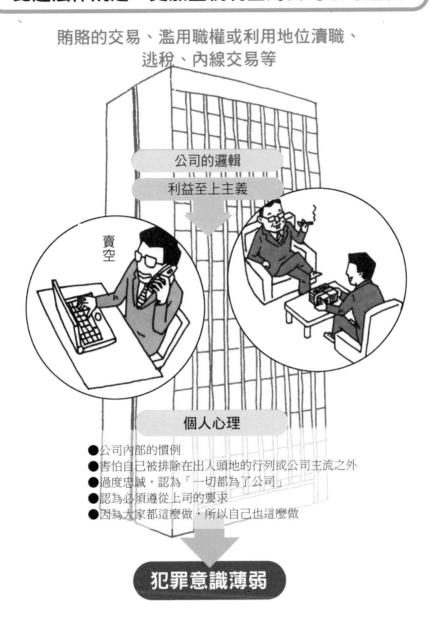

公司的邏輯

利益至上主義

賣空

個人心理

●公司內部的慣例
●害怕自己被排除在出人頭地的行列或公司主流之外
●過度忠誠，認為「一切都為了公司」
●認為必須遵從上司的要求
●因為大家都這麼做，所以自己也這麼做

犯罪意識薄弱

與社會對立的邪教是什麼？

把邪教狂熱者扭曲的理想忠實地呈現出來

●邪教本質上就是一個反社會集團

1995年由奧姆真理教主導的地下鐵沙林毒氣事件，一舉將邪教的恐怖刻印在人們心裡。邪教所指的是由狂熱的宗教分子組成的集團，而且大部分在教義當中都有觸及末世論，用教化、洗腦的方式灌輸他們是上帝選民的意識。具有強烈的排他性及反社會性，因而與社會對立。

率領邪教的是絕對的教主（無上尊師），也就是施耐德所說的「狂熱分子」。像1978年「蓋亞那人民聖殿教事件」中逼915名信眾自殺（300名以上為他殺）的教祖吉姆·瓊斯就是典型的狂熱分子。奧姆真理教的教祖麻原彰晃（又名松本智津夫）也可以稱作是狂熱分子，但是更嚴重的是他是具有強烈自卑意識的心因性偏執狂，同時還有幻想性謊言癖（Pseudologia fantastica）。可以說他將他個人的妄想、對死亡的恐懼，擴大成對社會國家的攻擊。

在這些狂熱分子教祖的身邊，由於信眾受到心靈控制，因此更強化了他們對教祖的絕對服從。

●為達到目的不擇手段

邪教，是一種企圖消滅所有宗教「敵人」的組織，因此他們將暴力合理化。他們認為自己立足於超越現實的次元，像政治恐怖主義者一樣不受政治、道義制約，毫不猶豫的實行破壞活動、隨機式的恐怖攻擊。他們的目的不乏「世界末日之戰」（Armageddon），或「實現他們心中的王國」。

雖然奧姆真理教所進行的地鐵沙林毒氣事件（參考第136頁）也宣稱是為了要達到這樣的最終目的，但或許也可以說這些信眾，只是隨著麻原個人的情結與妄想起舞而已。

邪教組織危險的末路

絕對領袖
（教祖‧無上尊師）

| 暴力 | 洗腦（心靈控制） | 嚴格的規章 | 對家族的否定 |

對外部抱有
被害妄想性的敵意

形成封閉的堅強集團

末世論

對社會做出
破壞性的行動
（對外）

集體自殺
（對內）

Key word ——「恐怖攻擊事件」的恐怖

　　所謂恐怖主義，是指藉由暴力，主張政治、宗教與黨派思想的行為。為了達到他們的目的，只要是被恐怖主義盯上的對象，不論是國家組織、集團還是個人，都會遭到無差別對待。2001年在美國同時發生的多起恐怖事件，成為美軍攻打阿富汗和伊拉克的導火線，升高國際緊張局勢。這似乎意味著我們已經來到了不論是誰、不論何處，都有可能遭遇恐怖攻擊的時代。

與社會悖離的幫派犯罪

敵視並對抗這個不接受自己的社會

●無法融入社會主流，因而起身對抗的少數人集團

一個社會當中，一定存在著一些由少數異質分子組成的集團和邊緣集團。由於這些少數人的集團和文化具有與主流集團、主流文化相反、相對抗的價值觀，於是我們將這種文化稱為「次文化」（副文化、下位文化，Subculture）。其中違法的、犯罪的代表性次文化團體，在日本就是暴力集團、極道組織和暴走族等，歐美則是黑手黨。

暴力集團等次文化的組成成員，由於在養育環境、經濟、學歷等背景上有缺陷，因此認為自己被剝奪了獲得地位、財富和名譽的機會，或至少他們會有這樣的感覺。他們對於將自己拒於門外的社會主流價值觀存有敵意，行事方式故意選擇和主流相反的模式，也不避諱犯罪。通常這一類型的人以殺人、傷害等暴力犯罪或恐嚇等暴力取財犯罪者為主。

●日本特有的暴力集團──「極道組織」

「極道組織」是日本獨特的一種次文化。極道基本上是屬於利用收取保護費、經營賣春交易賺錢的暴力集團，同時，就像在俠義電影當中可以看到的一樣，他們也重視「義理人情」「成為真正的男人」和「人生苦短」等獨特的美學意識，還有「掟」（OKITE，每個團體當中各自的規定）和「けじめ」（KEJIME，分寸）等嚴格規範。

青春期是自我認同（Ego Identity）形成的時期，同時也會產生認同危機造成心理混亂（參考第106頁）。此時，有人因為可以藉由加入具有強烈規範性的極道組織或暴走族的次文化中，獲得安心感和認同感。我們稱這種現象為獲得負向認同，這也是許多的非行青少年明明知道會遭到社會責難，還是投入違法集團的理由。

加入暴力集團的心理因素

無法順利成為社會所追求的「出色又正經」的人，他們期望脫離心中惶惶不安的狀態，因此追尋著安心感和認同感。

暴力集團

與組織共有的價值觀
●人生苦短
●成為真正的男人、成為成熟的男人等

所謂暴力集團
●以團體為單位，習慣性地進行暴力不法行為的組織。
●利用非合法的手段進行經濟活動的犯罪組織。

Key word ●——「暗殺」所代表的正義

　　「暗殺」是指「在政治動機驅使下，不以合法的手續而將某個擔任公職的人殺害」，但是實際上大部分的刺客都是具有精神障礙的患者、間接自殺者和模仿犯罪者。此外，稱得上極道組織的「暗殺」的「子彈刺客[11]」，他們殺人的目的雖然說是為了組織的正義，但對於實行者來說，這樣的行為其實還具有「成為成熟的男人」「為自己鍍金」這種自我表現欲和輕浮躁動心理。

---

11. 子彈刺客，日文原文為「鉄砲玉」，代表抱著必死的決心像子彈一樣一去不返的刺客。

為什麼要自殺？

自殺是唯有人類能夠實行的悲痛行為

●自殺者以50歲以上男性居多

自殺雖然不是犯罪，但它也是嚴重的社會病態之一。依照警察廳統計，2006年日本自殺人數共有3萬2155人，在世界當中算是自殺率相當高的國家。以年齡別來看，60歲以上的高齡人口占34.6％，接著是50～60歲。高齡人口的自殺動機，壓倒性地以健康因素占最多；50～60歲中年期則以經濟、生活的問題為主。其中，男性自殺者的比例又占全體的七成。近年來新聞媒體大肆報導的未滿20歲少年自殺比例，其實僅占全體2％。

自殺者大多是因為受病痛、孤獨和生活所苦（或是自己這麼認為）才企圖自殺。我們可以發現他們在自殺前，都有某種程度的「**自殺前症候群**」徵候；也就是①自我封閉、②壓抑的攻擊性及③逃避現實這三項特徵，而這些徵狀，也正好和精神疾病當中，自殺率最高的憂鬱症患者的症狀相同。

●有些殺人者原本就有自殺意圖

自殺是一種將「殺人」的對象轉換為自己的行為，也就是說，這是一種殺死自己的殺人行為。殺人的人經常在犯行前就已經有自殺的想法。

其中尤其是結伴自殺和大量殺人事件的犯人，本身具有自殺想法的機率最高。企圖大量殺人的犯人，因為對人生絕望而產生自殺意圖，對這個把自己逼到絕境的社會的怨恨或嫉妒，衍生成想要讓更多人陪他一起死的心理（**擴大性自殺**）；此外，還有一種為了獲判死刑而做出重大犯罪的案例（**間接性自殺**）。像自殺期望者因為太愛自己的家人、情人而帶著他們陪著自己一起自殺的結伴自殺，也屬於擴大性自殺的一種。

自殺期望者的內心世界

自殺前症候群

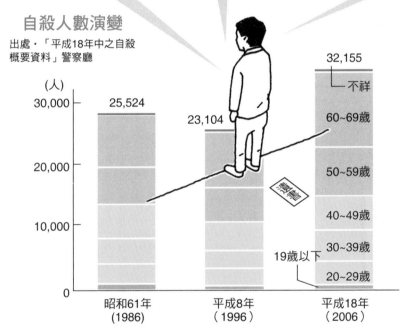

❶ 自我封閉
失去活力、無法想像自己的未來。孤獨、絕望。

❷ 壓抑的攻擊性
平常對於環境或他人累積起來的抑鬱情感。

❸ 逃避現實
認為自殺也是能夠讓自己從痛苦的情況下解脫的方式。

自殺人數演變

出處‧「平成18年中之自殺概要資料」警察廳

（人）
30,000
20,000
10,000
0

25,524

23,104

32,155
不祥
60~69歲
50~59歲
40~49歲
30~39歲
20~29歲
19歲以下

逐漸增加

昭和61年 (1986)
平成8年 （1996）
平成18年 （2006）

Key word ——「謀殺－自殺」（murder-suicide）是犯罪嗎？

　　「殉情」是指為情自殺，相愛的男女為了向對方表達自己不變的愛，在雙方同意下選擇的死亡。而如果不是在雙方同意下的「謀殺－自殺」，則是一個矛盾的字眼，這種行為只不過是在殺人之後，加害者再自殺而已。但是，如果沒有留下遺書，就很難判定是「殉情」還是「謀殺－自殺」。若是加害者存活下來，就會依殺人罪逮捕。

為什麼會對藥物上癮？

由爽快、興奮演變為幻覺和妄想的俘虜

●藥物所引發的各種犯罪

針對興奮劑等藥物所引起的犯罪，可以分為下列四種。

①因藥物的藥理作用（幻覺、妄想、錯亂等）造成的犯罪、②藥物成癮者為了獲取藥物而做出的各種犯罪，③違反興奮劑取締法、藥物取締法等各種藥物取締法、與④藥物買賣、交易相關的各種犯罪（暴力集團殺傷、軟禁事件或走私出入境等）。在此將針對①由藥物造成的精神狀態異常引發的犯罪進行解說。

使用興奮劑，不但會使睡意、疲勞感消失，同時也會產生過動、興奮和爽快的感受。在1951年以前興奮劑還合法的年代，一般人為了回復疲勞皆可將興奮劑當作處方來使用，當時對於它可能造成的藥害、成癮性和中毒後所引發的精神障礙等問題並沒有多加注意。

●使用興奮劑會產生妄想

由於長期使用興奮劑，最終會在停藥時產生不快、憂鬱等反作用，於是開始對藥產生慣性、濫用，陷入藥物中毒狀態。而這種藥物中毒將會導致精神狀態異常（**興奮劑精神病**）。

這些症狀包含幻視、幻聽等幻覺，與被害妄想、關係妄想，尤其是「自己被敵人包圍」這種包圍攻擊狀況的妄想最為常見。這也是引發過路魔和大量殺人等重大事件的重要因素。此外，也有一種說法指出有一些本身具有暴怒、衝動和無情等病態人格障礙的人，會因為興奮劑的藥理作用而犯罪。

再者，即使曾因興奮劑成癮而接受治療恢復正常，很容易就會因為再次受到刺激突然喚醒成癮時的精神病症狀、以及出現錯亂、倒敘反應（flashback effects）。

藥物的效用與其造成的犯罪

安眠藥、止痛劑
〈效用〉
爽快的幸福感。由於止痛劑有刺激性，因此有時也會引發暴力行為。

〈犯罪案例〉
某位女性……對被害人處以私刑，例如用煙蒂燙傷被害人的全身，或用異物插入其性器官。

稀釋液、強力膠
（有機溶劑）
〈效用〉
酩酊感引發心境變化，以及幻覺作用。

〈犯罪案例〉
某位少年……因吸食甲苯而產生自己正在開跑車的幻覺，準備將停在路旁的小貨車開走。

興奮劑
〈效用〉
具有興奮作用，使人情緒高昂。

〈犯罪案例〉
某位男性……因為妄想鄰居說自己壞話，所以持刀埋伏刺傷了鄰居。

犯罪案例研究

因興奮劑變成「被狩獵者」

●紅人C的興奮劑犯罪

背景　C（事件當時44歲）從國中時期就經常做出違法行為，20～40歲之間不斷出入少年觀護所和監獄，並且從這時起使用興奮劑。

過程、結果　C成為暴力集團的大紅人之後，因為過度服用藥物，開始產生被不明人士追擊的妄想。在一次把同夥當作敵人槍擊的事件當中，造成對方重傷後開始逃亡，之後他衝入一家建設公司亮槍，並把老闆娘當作人質死守在公司裡。此時他又產生幻覺以為四周已經被敵人的組員包圍，倍受恐懼感威脅。約6小時後遭到逮捕。

將內心的缺陷昇華為創作的天才們
杜斯妥也夫斯基
（1821～1881）
在發病的情況下創造出惡魔般的犯罪者？

● **透過犯罪維持人類的本質**

　　杜斯妥也夫斯基的小說中經常可以看見很多有關犯罪事件的描述。可見人類善惡的本質與罪惡、靈魂的吶喊，似乎就是他的文學主題。在他筆下的犯罪者，並非只是為了金錢利慾或生活目的而犯行，而是各式各樣的殺人犯、怪物般的人物、異端分子，甚至也看得到龍布羅梭所說的天生犯罪人、精神疾病診斷與統計手冊（DSM）中的反社會型人格障礙的犯罪者。杜斯妥也夫斯基細膩縝密地描寫這些冷酷無比的罪犯心理，可以看出他嘗試著想要追尋人類的本質欲望。但是，他本人其實是感情豐沛，慈悲又寬大的人物。因此，到底杜斯妥也夫斯基作品當中的人物才是他的本性，於是在這種性格的反作用之下，才產生了真實世界的那個他的人格面具？或者是相反的呢？這真的非常有意思。

● **創作的根源源自於發病期間對於天堂與地獄的體驗？**

　　杜斯妥也夫斯基曾經因為批判宗教而被宣判槍斃，直到行刑前才得到減刑，改以流放處分。他在流放西伯利亞的嚴酷狀態下曾經癲癇發作，而且是典型的大發作，因此他常常突然意識消失、喪失記憶、精神混亂。說不定這發作前的恍惚與發作後產生的深沉憂鬱狀態，就是他經常在作品中描述到天堂與地獄、神與惡魔的創作泉源。

第3章

造成少年非行的是
環境還是本質？

青少年非行

少年犯罪與成人犯罪不同嗎？

在20歲及14歲做出明確的區隔

●成人就是犯罪，青少年則是非行

所謂少年非行，是指未滿20歲的青少年（男女皆稱為少年）做出違反刑法法令的種種行為。即使是像是殺人這種重大犯罪，如果犯罪者是青少年，就算是「非行」。「青少年犯罪」依日本少年法可分類為以下3種。

〈犯罪少年〉…14歲以上未滿20歲違反刑罰法令者

〈觸法少年〉…未滿14歲違反刑罰法令者

〈虞犯少年〉…未滿20歲，有一定的不良行為，或者是受到個性、環境影響，將來有可能違反刑罰法令者

當少年犯罪時，通常主要是會被送至家庭裁決所為主的司法機關處理，但是若犯法的是未滿14歲的少年的話，依據兒童福利法，通常則主要檢送至兒童諮詢所這類地方自治團體機關處理。

●少年非行正在增加？

根據《犯罪白書》所述，平成18年（2006年）少年被當作刑犯逮捕的人數（含輔導中的觸法少年）為16萬4220人，比起巔峰時期少了許多。雖然現在因為少子化所以少年人口整體也在減少，但就算從所有被逮捕的總人數來看少年人口比例，也沒有明顯的增加傾向。

那麼，少年犯罪有逐漸凶惡化和惡質化的現象嗎？事實上，殺人、強姦等凶惡犯罪，長期的來看已經趨於減少而穩定。雖然從媒體的報導來看，青少年的異常犯罪事件似乎非常顯見，但是依照媒體報導來評斷少年犯罪整體的動向，可說言之過早。

註：日本近年修法調整法定成年年齡，自2022年4月1日起，年滿18歲即成年，並修正少年法，未來18、19歲少年若犯法，將予以「特定少年」定位，不再適用少年法部分保障。

何謂少年非行？

觸法少年	犯罪少年	犯罪者
未滿14歲違反刑罰法令者	14歲以上未滿20歲違反刑罰法令者	20歲以上（成人）違反刑罰法令者

14歲　　　　　20歲

虞犯少年　未滿20歲，有一定的不良行為，或者是受到個性、環境影響，將來有可能違反刑罰法令者。

主要由兒童諮詢所處理	家庭裁決所處理	法院（刑事組）處理

非行少年（青少年刑犯）的逮捕人數變化

出處‧《平成19年版犯罪白書》

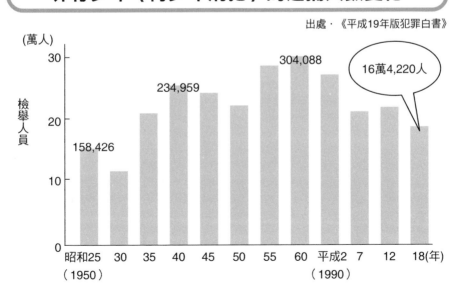

（萬人）

檢舉人員

158,426

234,959

304,088

16萬4,220人

30

20

10

0

昭和25　30　35　40　45　50　55　60　平成2　7　12　18(年)
（1950）　　　　　　　　　　　　　　（1990）

為制裁少年罪犯所制定的法律是？

目的不在於處罰而是為了使青少年健全成長

●少年法是「愛的法律」

未滿20歲的人（青少年）犯罪時，會依據少年法接受審判；未滿14歲的兒童則優先以兒童福利法審理。

關於少年事件，首先會由警察將少年檢送至家庭裁決所，接著再由家庭裁決所下達不起訴、釋放、保護觀察或是檢送至少年觀護所等判決結果。但是，如果青少年犯罪造成被害者身亡等，其犯罪行為重大必須等同成人處以刑事處分時，也有從家庭裁決所檢送至檢察廳（返送），讓該青少年與成人同樣接受刑事審判的情形。此時，就算只是青少年也必須接受刑事處罰，不過未滿18歲並不會處以死刑（處理流程請參考右頁流程圖）。

少年法的根本是「**保護主義**」，與成人犯罪者必須要追究其行為責任的罪刑法定主義有一線之隔，說到底只是希望將青少年的發展及教育導向正軌，這就是少年法又名「**愛的法律**」的原因。

●嚴罰化的對錯？

青少年的重大犯罪事件層出不窮，由於時代的演變，救助被害者的立場逐漸受到重視，2000年11月與2007年5月皆進行過少年法的修正。

被返送至檢察官的少年犯罪者的年齡從原本的16歲下修至14歲以上；同時，16歲以上的少年犯下與人命相關的重大事件，原則上會由檢察官進行移送；以及少年犯罪者若超過12歲，也可能會考慮移送至少年觀護所等新規定來看，不難發現少年法嚴罰化的現象。這同時也顯現了嚴罰化是否能減少青少年犯罪的問題，正是考驗「愛的法律」是否有價值的時刻。

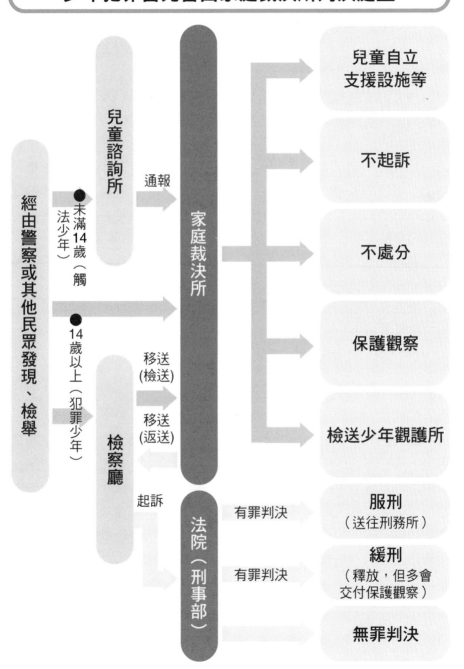

少年犯罪首先會由家庭裁決所判決處置

經由警察或其他民眾發現、檢舉

● 未滿14歲（觸法少年）

● 14歲以上（犯罪少年）

兒童諮詢所

檢察廳

通報

移送（檢送）

移送（返送）

起訴

家庭裁決所

法院（刑事部）

有罪判決

有罪判決

兒童自立支援設施等

不起訴

不處分

保護觀察

檢送少年觀護所

服刑（送往刑務所）

緩刑（釋放，但多會交付保護觀察）

無罪判決

造成少年罪犯的原因是本性還是環境？

遺傳、資質、環境、教育……都是原因

●惡的種子會結成邪惡的果實？

19世紀末義大利的精神醫學家龍布羅梭認為，先天缺陷是造成人類誤入歧途或是犯罪的原因。因為「惡種發惡芽，只會結出邪惡的果實」。

1950年，美國的葛魯克夫婦在10年之間調查了約1000名少年，發現了非行少年與一般的少年在統計上的差異：也就是非行少年的雙親，有很高的比例都有犯罪經歷、嗜酒、甚至有性格異常的情形。這項研究結果顯示，遺傳的資質，是造成非行少年的主要因素之一。

葛魯克夫婦的研究廣泛，從他們的研究可看出非行少年的各種特徵（參考右頁）。而這些樣貌，大致上都和我們印象中的「非行少年」重疊。但不能斷定這些就是造成少年非行的原因。因為這些特徵有可能並不是非行的原因，而是非行造成的結果。

●無法「制約」的孩子容易走偏

英國的行為心理學者艾森克（Hans Jürgen Eysenck）利用「學習」和「制約」的機制來分析非行後發現，人類也和「巴夫洛夫的狗」一樣，如果在牠做對事情的時候給牠獎賞，在牠做錯事的時候確實給予懲罰，自然而然就會養成做對的行為，抑制錯誤行為的習慣。但是在遺傳上、本質上，比較外向、精神病程度比較高的孩子，因為比較無法施予上述條件，因此容易走上歪路。這是艾森克從幼兒時期給予適當的條件刺激，加上孩子本身的資質綜合思考後，所得出關於少年非行的結論。

非行少年的真貌？

① 有先天缺陷？

龍布羅梭…認為有「天生犯罪者」。以身體特徵方面來講，下巴戽斗、顴骨突出、耳朵尖等。
→這是受到當時的新思想（《進化論》等）影響所產生的想法，在現代，這項說法則是備受爭議。

⑤ 無法成功制約？

艾森克…非行少年沒有順利受到一般規範制約。
→雖然不是所有的非行少年都是如此，但是在治療非行少年時還是會採取懲罰與獎賞的手法。

② 雙親有問題？

葛魯克夫婦…非行少年的雙親大部分都有犯罪經歷和嗜酒的情形；此外，也有很多具有情緒障礙的雙親。
→遺傳及環境雙方面皆帶給孩子影響？

③ 體型有固定特徵？

葛魯克夫婦…非行少年的體型，大多是筋骨發達類型，比較沒有肥胖或瘦弱體型的人。

④ 有特定心理特徵？

葛魯克夫婦、薩哈特（Schachtel）…非行少年的性格具有反抗性，同時有野心和競爭意念；愛和人唱反調，感情和情緒的控制力較弱。

「誤入歧途」是什麼意思？

多為青春期通過儀式階段的一時現象，但……

●在「我究竟是誰」這問題上的危險解答

所謂小孩長大成人，就是指確立「自己」的存在性，也就是形成了「自我認同」。而所謂自我認同的意識，是由兩方面構成的確實感受，一是「自己對於做為自己而活實際存在的意識」，以及「自己與自己所屬社會的人們，在某種本質的性格上具有共通性，與世界存有連帶感」。

青春期可以說是人類從小孩轉變為成人的一個過渡階段，若無法在這個時期內順利獲得自我認同，有的人在心理上就會陷入混亂失序的狀態。一旦不明白自己的存在意義，就會迫切地想知道解答，這就是所謂的「認同危機」。

●從半吊子的正派人物，選擇成為完全的壞人

所謂「負向認同」，是指將那些社會不喜歡、會受到旁人批評的特點當作自己的特性。這些人無法順利獲得符合社會期待、正向認同。於是，與其處在這種半吊子的狀態下，不如選擇加入那些不良分子、非法集團，以獲得更真實的存在感和夥伴意識，這就是我們所說的「誤入歧途」。人們之所以會選擇這種負向認同，大多只是短暫的一時衝動，但是也有些人會自此朝著成人犯罪者發展。

其中最嚴重的就是陷入「認同擴散」的情況。認同擴散是指一個人既沒有取得正向認同也沒有取得負向認同，因而覺得自己的存在好像失了魂的空殼一樣。以精神醫學的角度來看，由於它比較接近精神分裂症等的狀態，為了確認自己的存在價值，有時候會做出不合理的舉動，和絕望性的嘗試等，因而有時候也會造成重大犯罪。

我到底是什麼樣的人？

為了從小孩轉變成大人，
必須確立自己的存在意義
（確立自我認同）

認同危機
「自己到底是
什麼人？」

正向認同

自己和自己所屬的社會大
眾有相同的道德基礎，能
確立共同的自我認同感。

成為社會的一分子
往成人的道路前進

負向認同

選擇以一般社會大眾不喜
歡的生活方式，例如飆車
族或暴力團體、流氓、吸
毒者和自殺愛好者等。

對抗的認同

就算是社會無法接受的自
我認同，還是要往自己所
相信的道路前進。例如革
命者、宗教人士和少數藝
術家等。

有時也會與社會
發生衝突造成犯罪

認同擴散

無法確立自我認同，失去
自主性、主體性，感覺就
像失了魂的空殼。

引發精神疾病，或者是做
出反社會的行動，只為了
確認自己的存在價值。

何時是青少年最容易誤入歧途的時期？

青春期正是變化的時期。在轉變成成熟大人之時所產生的內心糾葛有可能會衍生違法情事

●總在轉折點出現的危機

犯罪心理學者森武夫認為，造成少年非行的原因有**基本的危機**（基本因素）、**個人的危機**（個人因素）和**青春期的危機**（青春期因素）這三種，其中有一種會扮演主要角色，而另外兩種因素則扮演配角，構成青少年非行。

在這三項之中，青春期因素，是在少年轉變成大人之時，必然會遇上的一種「舊秩序與新秩序之間的危機」。青少年在青春期時，容易陷入不安、絕望、不穩定的精神狀態之中，同時也是往新的方向前進時可能的分歧點。此時青少年為了逃避心裡出現的糾葛和危機，會表現在親子間的衝突、結交損友、夜遊等行為上；若是內向的孩子，可能會表現在拒絕上學或家庭暴力等行為模式上。

●為了成為大人所面臨的課題立即顯現

青春期的青少年是既不是小孩但又稱不上是大人的「**邊緣人**」。根據森氏所述，小孩要轉變成大人必須要通過性別認定、離開雙親、加入團體生活、找到生活目標等這幾項考驗。但是現代的日本，由於男女角色流動化、家長又過度保護小孩，使得青少年轉變為大人的轉變期延長；同時，生活在周圍都是競爭對手的競爭社會裡，因價值觀多樣化，導致青少年不容易分辨行為善惡等，因而產生了各式各樣的混亂情形。這些就是導致加劇青春期危機的最大因素。

此外，如果從青春期危機衍生出其他心理問題時，有的人藉由治療回復為一般正常的大人，但是也有的人因為無法獲得適當的處置，使原本的心理問題轉變為精神分裂症或人格障礙症。因此，我們也必須十分注意孩子在青春期的狀況。

引發青少年非行的三項危機

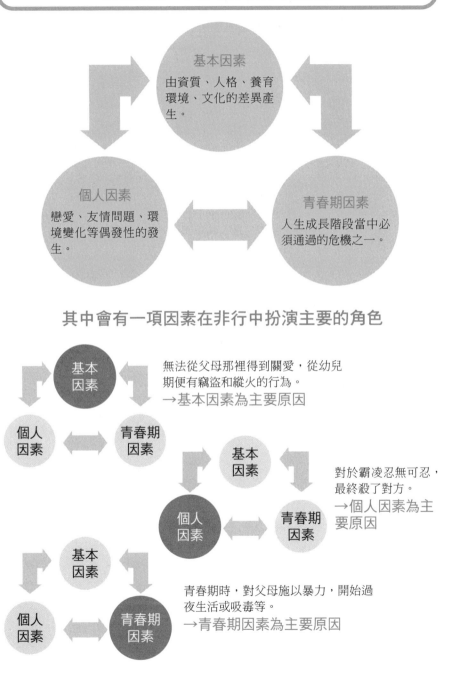

基本因素
由資質、人格、養育環境、文化的差異產生。

個人因素
戀愛、友情問題、環境變化等偶發性的發生。

青春期因素
人生成長階段當中必須通過的危機之一。

其中會有一項因素在非行中扮演主要的角色

基本因素

個人因素　青春期因素

無法從父母那裡得到關愛，從幼兒期便有竊盜和縱火的行為。
→基本因素為主要原因

基本因素

個人因素　青春期因素

對於霸凌忍無可忍，最終殺了對方。
→個人因素為主要原因

基本因素

個人因素　青春期因素

青春期時，對父母施以暴力，開始過夜生活或吸毒等。
→青春期因素為主要原因

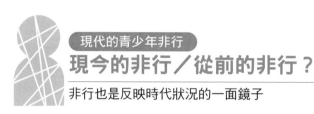

現今的非行／從前的非行？

非行也是反映時代狀況的一面鏡子

●非行少年隨著時代不同而展現不同的面貌

違法和犯罪行為每個時代各有其特徵，例如在二次大戰結束後的貧困、物資缺乏年代，有許多為了「吃」而產生的犯罪；而在富足、物資充裕的時代則多是順手牽羊、侵占和違反藥物管理條例等遊戲類型的非行。

傳統的非行少年特徵是都生長在貧困的家庭裡，在少年時期開始抽菸、喝酒、打架、恐嚇取財等，可能還會演變成竊盜、強盜、傷害、強姦等事件，最後被收容至少年觀護所。但離開觀護所後，仍不斷持續犯罪，直到成人後加入暴力集團之類的不法集團。

雖然現在這種傳統類型的非行青少年還是很多，但是另一個值得注意的現象就是「現代型」的非行少年正在增加當中。

●很難找到犯案動機的「遊戲型非行」誕生

日本違法青少年犯案的總破獲件數，在戰後半世紀當中總共出現了三波巨大的變動潮。第一波的高峰是在1951年，以貧困及糧食不足為背景引起偷竊之類的「**生活型非行**」。第二波的高峰是在1964年，主要是暴力、傷害、恐嚇、強姦等粗暴型、攻擊性非行，其背景被認為是因為文憑社會產生了新秩序，使得一些少年跟不上時代變化；同時，隨著社會的都市化和工業化，少年人口不斷從家鄉流入都市，也造成少年對生活環境變化產生不適應等問題，都是使這類非行增加的原因。我們稱為「**反抗型非行**」。

第三波的高峰是在1983年。這個時代主要的非行包含順手牽羊、吸毒、腳踏車搶犯等，特徵是都是屬於沒有明顯動機的「**遊戲型非行**」，同時，犯罪者年齡層降低的問題也相當受到關注。由此可知，隨著時代的演變，非行少年基本的人格特性也會隨之改變。

日本犯罪行為的演變

小偷！

第一波（生活型非行）

1951年（破獲人數16萬6433人）
達到巔峰。
●以二次大戰後混亂期的貧困、
　糧食不足為背景產生的竊盜犯
　為最多。

第二波（反抗型非行）

1964年（破獲人數23萬8830人）
達到巔峰。
●相當於高度成長期。學生運動
　發達，社會結構正發生極大變
　化。反抗和暴力是這個時期的
　關鍵字。

第三波（遊戲型非行）

1983年（破獲人數31萬7438人）
達到巔峰。
●犯法少年的年齡層降低、女性
　違法人數增加、順手牽羊等輕
　微的金錢犯罪者等「初犯型犯
　罪」增加。值得注意的點是犯
　罪動機不明顯。

犯罪變成一種遊戲？

「因為犯罪令人興奮」「因為大家都這麼做」

●不論是什麼樣的孩子都有可能成為非行少年

自80年代持續至今，少年非行傾向的特徵，就是非行的普遍化。曾經我們對非行少年的印象始終停留在生活在貧困社會或是社會底層的人物，或是家庭背景複雜、教育水準較低、不找工作成天無所事事的人。

但是現在的非行少年中，雙親健在、生活水準中上、擁有高中以上學歷的人，占非行少年大半。在這種升學率提升、一億總中流化[1]的背景當中，現在這個時代的孩子，就算是一點也不特別、普通的小孩，就像「我家的小孩」一樣，都有可能成為非行少年了。

●享受犯罪帶來的興奮

近年來，「遊戲型犯罪」成為少年非行的新型態，並且受到大眾注目。所謂遊戲型犯罪，是指犯罪動機除了犯罪本身的行為以外沒有任何目的，也就是指「惡作劇」和「遊戲」因素比較強的犯罪。

這種類型的犯罪主要動機為「好玩、讓人興奮」，其中順手牽羊和腳踏車竊盜等犯罪占壓倒性多數；吸食毒品也是源自於好奇心。此外，新型態的少年犯罪還具有結夥犯罪的特徵，「因為大家都這麼做」和「如果我不這麼做就會被排擠」。有這種想法的人對於犯罪的罪惡感較薄弱，認為被抓到只是自己「運氣不好」，但卻具有強烈的羞恥心，非常不願意讓學校、家裡和朋友知道自己被抓到。

「遊戲型犯罪」大多屬於一時性的，也有的人把這種行為當作是長大後失去遊戲的補償，甚至是一種用來宣洩在學校教育管教下產生的壓力和不適應的方式等。不論目的為何，這種犯罪型態代表的是現代日本社會經濟富足、物資充裕，以及社會道德低下的現況。

1.「一億總中流」意指日本昭和時代後期，總人口約有1億之中，有九成左右的國民都自認為是中產階級的一種「意識」。

順手牽羊是遊戲還是犯罪？

生活圈裡充滿了超市、便利商店、文具店、
書店等商店，是輕易就能讓人順手牽羊的環境。

「大家都這麼做」
（其實這麼做的人
只是少數）

「會被人家當作膽小鬼」
「會被大家排擠」

男孩子的特徵

試膽、加強同伴意識的手
段、享受興奮感等。

女孩子的特徵

自己出錢就虧了、偷取父
母親不會買給自己的時尚
用品等。

就算被抓到也不認為自己「做了壞事」，
只是「運氣不好」

只要被抓過一次，再犯的機率很低，但是順手牽羊很可能是犯罪的入門行
為，不可輕忽。

Key word —— 順手牽羊是現代版的「柿子小偷2」？

有人認為，順手牽羊就像從前偷摘柿子果實讓人生氣的行為一樣。
但是，現在和警察局連線的店家增加，已經不能再把它單純當成遊戲或
惡作劇看待。雖然說犯罪的程度有所差別，但是也有人認為像這種柿子
小偷＝順手牽羊的行為，仍必須以現行犯當場逮捕才是。

2.「柿子小偷」為日本戰後時期因缺乏糧食，小孩子無法忍受飢餓而偷摘柿子吃的一
種現象。

「好竹」為什麼會出「壞筍」？

太優秀的父母和管教嚴格的家庭，其實希望家裡有問題少年？

●站在父母的陰影（Shadow）下

偶爾，我們會看到太優秀的父母生下的小孩，最後變成不良少女、非行少年的現象。有關這個現象，美國的精神醫學家強森和蘇雷克以「**黑羊假說**」加以說明。

人類，都擁有兩種面向，一種為爽朗、單純、被社會所接納的一面（人格面具，Persona），以及其背後陰暗、被動的、衝動的以及攻擊性的陰影（Shadow）部分。每個人都是在兩方調和之下，生活在這個世界上。但是在神職人員、教職人員和清廉的政治家等極端「正直」的人之中，有些人完全壓抑了陰影的部分。當這些人成為父母，在自己養育孩子時，會有意識的嚴格教育自己的孩子，做出符合社會喜好的行動，但是在無意識之中，卻會將自己無法表現在外的陰影部分，投射到自己的孩子身上。這就是所謂的「黑羊假說」。

孩子本來就比較容易直接接觸到父母無法表現在外的那些比較本能性的衝動、負面的情感、惡念等的陰暗面，有的時候還會做出犯罪的行為。此時父母會責備孩子的行為，但是在無意識的層面，則會感受到「**代理滿足**」，偶爾還會表現出超過適當程度的理解和允許。

●利用做壞事來宣洩對父母嚴格管教的不滿

社會地位和教育水準較高的家庭所教養出的非行少年，還有其他說法。在雙親的養育態度和對教育相對嚴格的情況下，父母的嚴格和冷靜會強力的壓抑孩子的衝動和欲望，於是孩子開始變得怯懦、膽小，甚至養成內心強烈糾葛、容易緊張的神經質人格。這類型的孩子容易做出偷竊等比較偷偷摸摸的犯罪，但也有因為衝動引發重大事件的危險性。

沒有特別理由，不斷順手牽羊的弟弟

事件、過程

兩兄弟之中的弟弟在國中時代，就曾因為好幾次順手牽羊的偷竊行為而接受輔導。即使詢問當事人，動機仍然不明，之後數年仍不斷順手牽羊。但是在同一個家庭長大的哥哥則在校成績優異，而且人見人愛。

根據「黑羊假說」分析

父親
大學教授，性格正經、誠實。

母親
基督教徒，熱心參與教會活動。

人類一定都有光明與黑暗這兩面。
在這個家庭中找不到黑暗的部分。

哥哥＝白羊
接收了父母的光明面
（有意識）。

弟弟＝黑羊
接收了父母的黑暗面
（無意識）。

父母在無意識之中從弟弟的
行為得到「代理的滿足」

有關少年犯罪的心理分析，不應該只針對本人，
也必須探討本人與其父母之關聯性

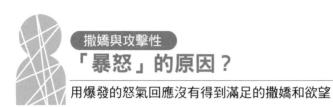

「暴怒」的原因？

用爆發的怒氣回應沒有得到滿足的撒嬌和欲望

●從欲求不滿到攻擊他人

在最近10年內，「**暴怒**」（理智斷線）已成為代表年輕人的精神狀態和心理的詞彙。

如果試著以心理學的角度來說明「暴怒」，首先會提到「**衝動的個性**」。這是一種無法忍耐內心的糾葛或欲求不滿，容易做出衝動行為的性格。這種性格的養成，源自於父母親矛盾的養育態度。除了幼兒時期的放任、無限制的寬容之外，另一方面又不合理地禁止，孩子在這種缺乏一致性的養育方式之下長大，社會的規矩無法確實在他們的心裡建立，導致他們無法接受滿足感延遲、死心、忍耐、妥協等在人類社會當中生活必須面對的情緒反應，成為無法適應社會的人。

此外，關於引起他們「暴怒」的原因，可能是因腦內資訊環境變化、環境荷爾蒙等因素造成腦部異常。

●愛撒嬌的心理和攻擊性之間，存在著密不可分的關聯性

若是因為母親關愛不足，或者是和母親分離等因素，造成孩子無法獲得足夠的母愛，這份缺憾將來會變成一種心靈創傷。而且，想跟人撒嬌卻無法撒嬌的憤怒和怨恨，有時還會表現為對他人的攻擊性。當他長大以後，一旦他需要別人但是卻遭到拒絕，可能就會表現出爆發性的憤怒或攻擊對方，我們稱這樣的行為為「**轉移性攻擊**」。

近年來母子關係的變化，完全依賴的情形大部分都已經延續到青少年時期。於是孩子會在維持著不成熟的社會性與幼兒性的情況下長大，不需要離開母親，就能夠在學校等場所與他人接觸。但是如果在那些場所裡無法撒嬌或無法依賴他人，他的欲求不滿很可能就會轉為衝動性的攻擊。

幼年時期的親子問題會創造出具有攻擊性的孩子

對於親情的感受貧乏、 與雙親分離等	在過度保護且嬌生慣養的養 育環境之下
↓	↓
對於無法獲得滿足的 撒嬌存有欲望	孩子在不成熟的幼兒性、依 賴性的心理狀態下成長
↓	↓
欲求不滿的情緒轉變為 對他人的攻擊性	理應得到回應的依賴需求 不被接受時

衝動、輕易地
攻擊他人

解讀當時事件與犯罪者專欄⋯④

宮崎　勤
——連續誘拐女童殺人事件（1988～1989）

產生複雜怪異的精神症狀，
喜歡女童與誘拐殺人。

●一次又一次地誘拐女童⋯⋯

　　1988年8月至1989年6月間，在東京與琦玉縣發生多起4歲到7歲的少女遭誘拐後殺害的案件。犯案者是當時26歲的宮崎勤。

　　他在1988年8月，誘拐並殺害了一位4歲女童，並對其遺體做出猥褻行為。同年10月，再次誘拐、殺害並猥褻一名7歲女童。12月9日，在誘拐、殺害一名4歲女童後，讓屍體全裸並棄屍，屍體在15日被發現。隔年1989年2月，他將第一起事件的女童的一部分遺骸與牙齒裝在紙箱裡，送到女童家，並署名「今田勇子」，之後將犯案聲明寄至朝日新聞報社與女童家裡，3月同樣又送了告白文過去。6月，他誘拐並殺害了一名5歲女童，據說他不但將女童的手指烤來吃，還喝了她的血。7月，正當他想要猥褻一對9歲和6歲的姊妹時被抓到，馬上以現行犯身分加以逮捕。

●精神狀態複雜怪異

　　宮崎生於1962年8月21日的一戶地方名門富裕的人家。他出生時是早產兒，身體虛弱、手無法自由旋轉，本身有手掌無法朝上的缺陷。他在國小、國中時都遭到班上同學欺負，成績中上，高中成績退步，之後進入短期大學就讀。畢業後的第一份工作做了三年左右遭到解雇，接著便開始幫忙家業。他在高中・短大時期就迷上了動畫和電視影片，開始大量服用感冒藥，同時也出現虐待動物和偷拍女童的行為。

　　在他被逮捕後，法院花了三年以上的時間，對他做了三次精神鑑定，發現他具有特異的人格特質與複雜的精神症狀（家族否定、逃

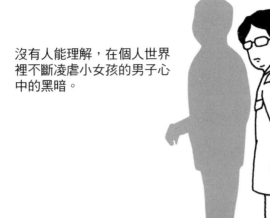

沒有人能理解，在個人世界裡不斷凌虐小女孩的男子心中的黑暗。

亡、被害妄想、幻聽等），但最終的分析結果卻分為極端的精神分裂氣質造成的人格障礙、精神分裂症和反應性精神病（多重人格）這三種。但是，說不定這些多樣的診斷結果，才足以象徵宮崎複雜怪異的精神症狀。

而關於他的性癖好，有人認為他是因為幼年時期的孤獨，導致他的精神年齡停滯在幼兒期，最後法院採取了完全責任能力的人格障礙鑑定結果，於2006年2月2日由最高法院判決死刑定讞。

●「阿宅」受難

在宮崎被逮捕後，警方從他的房間發現5000部以上的影片，於是出現了他是「宅男」、也是恐怖（Horror）動畫狂熱分子的報導。也因此，至此之前一直都默默活動的「御宅族」文化突然急速的顯露在社會上，同時受到大眾猛烈抨擊，這就是所謂的「阿宅受難」。只不過如果我們冷靜下來再看一次有關這個事件的報導，很諷刺的是，我們可以發現，宮崎的事件在社會對「御宅族」文化的認知上扮演了很重大的角色。

毒品或藥物的魅力？

一旦開始依賴毒品，進一步吸毒成癮就不容易治療

●3種吸食毒品類型

1960年代後期，在瘋癲、嬉皮等社會風俗之下，也產生了吸食稀釋劑或甲苯等有機溶劑的現象。由於吸食這些有機溶劑會產生幻覺和安樂感，於是成為一種遊戲，在青少年間流傳開來。以下我們將吸食毒品的青少年分成3種類型：

〈① 遊樂型〉…經由學長或朋友推薦，屬於一種一時性、機會性的單純遊樂類型。和喝酒、抽菸相同，愈是被禁止會愈想要嘗試、受到反抗大人的心理作用吸引而做，能夠在訓誡和環境調整之後停止。

〈② 非行少年型〉…從吸食毒品以前本身就已經有不少問題，也就是曾經有過交友不慎等的非行前例。這種類型的少年因為藥物的關係會使非行的行動更加猖獗，利用藥物追求陶醉感、萬能感，藉此逃避現實。一旦濫用、習慣化，會更加悖離社會。治療稍有困難。

〈③ 依賴型〉…身體對於有機溶劑的依賴性目前尚未證實，即使停藥後不會引發戒斷症候群（上癮發作症狀），但是因為會產生心理上的依賴現象，如果陷入過深，將會使自己滅亡。帶來成熟障礙、時間觀念障礙、自我不完整感、自戀‧受虐癖的傾向等人格障礙。治療非常困難，屬於①和②的進化型。

●為了吸毒而犯罪

吸毒本身已違反了毒品暨毒物取締條例，屬於犯罪的一種。此外，因吸毒所引起的急性反應會造成自我控制能力失調，可能會使吸毒者做出偷竊、亂交、粗暴行為，或是因慢性幻覺妄想而產生暴力行為等。甚至也有藉由吸毒開始使用興奮劑導致中毒的情形。興奮劑的中毒症狀比吸毒更加嚴重，和重大犯罪產生關聯的可能性也愈高。

吸毒產生的夢

有機溶劑
稀釋劑、強
力膠、甲苯

陶醉作用
安樂感「什麼都不
用想就好了」「感
覺非常舒服」

幻覺作用
錯覺或幻想
出現在自己
眼前等

經常使用可能會使腦部
萎縮、失明、重聽或精
神障礙等。

犯罪案例
研究

F子的夢

經過

16歲的F子因為常常被拿來和優秀的哥哥比較，所以感到自卑，在不
良朋友和好奇心驅使下開始吸毒。
自從開始吸毒以後，不論是美麗的花朵還是UFO，任何想看的東西
都能夠看到。甚至也曾經在幻想當中和朋友比了場賽車。

接受輔導，被送至少年鑑別所，但是之後仍持續吸毒。最終，也體
驗到「惡幻之旅」（Bad Trip）帶來的恐怖和不安。

結果

認識暴力集團成員後，開始接觸興奮劑，陷入興奮劑帶來的強烈感
受之中。2年後遭到逮捕，精神鑑定後被強制送往精神病院……

聚眾飆車的理由？

參加招搖且脫離規範的集團，共同稱頌負向認同

●因為開車或騎車誤以為自己得到了強大的力量

經常聚眾騎乘機車或改裝車狂飆發出轟轟聲響的暴走族，是1960年代汽車普及化（motorization）之下產生的現象，主要以喜愛追求速度和刺激的男性為主。

暴走族的成員大部分是中輟的少年，藉由操縱能發揮超越自己能力的汽車或機車，彌補了自己的自卑感，同時也消除了挫折感。暴走族的特徵是強烈的同伴意識和連帶感，這也可以說選擇了不合常規集團的「負向認同」（參考第106頁）吧。他們大多數會在20歲之前離開這些狐群狗黨，從暴走族「畢業」，這個現象正顯示了參加暴走族大多只是一時性、通過儀式階段的負向認同特徵。

●「愛的教育」時代的產物

有人認為他們的行為，是一種對青少年期的性衝動、攻擊衝動等生命能量的發洩行為，也有些比較寬容的人認為，這是年輕人對於規範社會所衍生出的一種對抗主流文化（Counterculture）。此外，也可以把此行為看作是孩子面對管理教育和壓抑所產生的反抗心理與破壞性表現，也是被動的現代孩子表現自我主張和積極性的形式。

但是，也有人認為，像這樣依賴車子或機車這種機械，隱身集團中之後才開始表現得生龍活虎，其實是一種幼兒性的退化現象。實際上，加入暴走族的少年對抗沮喪的能力很低，也有報告指出他們會因此變得比較容易具有攻擊性。在「愛的教育」下，容易養育出自我中心又缺乏自制力的青年。暴走族，也可以說是其時代的產物。

加入暴走族的開始與結束

第 I 期 接近期
得知暴走族的存在，觀看他們聚會，藉由朋友介紹接近他們，請求加入。

第 II 期 形成期
加入暴走族，遵從集團的規矩和人際關係。聚集在咖啡店或郊外的餐廳，在與其他團體的衝突之下加深團體內部關係。

第 III 期 狂熱期
暴走族成為生活的重心，與團體的關係愈來愈深厚。在暴走族活動中解放自己的感情，宣洩情緒。

第 IV 期 結束期
由於發生事故受傷或遭到警方取締、藉由學校或家庭給予指導等，開始離開團體。但是即使沒有明確的事件或契因，大部分的人也都會在加入後1～2年從暴走族「畢業」。

暴走族少年的治療方式因型而異

感染型
因為與暴走族產生共鳴而接觸、加入，沒有精神方面的病理症狀。
治療方式→與集團切割

不適應型
典型暴走族少年。為了逃避現實生活的欲求不滿、強烈不安和內心的糾結，選擇加入暴走族。
治療方式→幫助他們嘗試去面對不安和糾葛的情感

神經症狀型
本身心理狀況扭曲，因加入暴走族而免於神經衰弱症。這種類型的人大部分在團體中保持若即若離的中間地帶。
治療方式→由精神科醫師進行長期心理治療

在校園內施暴的原因？

一般在校園內施暴的少年很少有精神疾病的問題

●一年發生3萬多起校園暴力

2005年日本公立高中、國中、小學的兒童在校內發生的暴力事件共有4萬19件，其中學生之間的暴力行為占最多數，一共有2萬146件。另一方面，校內暴力事件的檢舉、輔導人員，1981年以1萬468人達到高峰後開始逐年減少，至2006年只剩1455人。當然，校園暴力就和家庭暴力一樣，都是屬於在一個受到保護的空間內發生的「內部的暴力」，因此，由於大多會在內部處理完畢，所以我們並無法確定實際上的數量是否真的有減少。目前校園暴力發生案件最多的是在國中，國小的發生件數也在慢慢增加。

一般在校園內施暴的少年，都具有對學校不滿、學業成績落後、不滿那些對學生有大小眼或對學生體罰的老師、把自己面對「好學生」的自卑感轉為排斥反抗、想要對大眾展現自己、或者是虛張聲勢等特色。

●逐漸消失的少年暴力

校園暴力案件數在1980年代達到顛峰，此時的校園暴力大多是公然對老師等人施暴，暴力程度更嚴重者，甚至還需要請求警力支援，在畢業典禮上站崗。但是，當時的暴力少年都有他們自己本身反抗的動機和理由。之後，因為校方運用各式各樣的強化對策，類似這樣明目張膽的校園暴力已逐漸消失。

現在的校園中，則多半出現非常普通的孩子突然「暴怒」所做出的暴力行為，或者是其實根本沒有什麼理由的遊戲型暴力，以及對老實乖巧的弱者進行陰險的霸凌等，似乎正逐漸朝著不易察覺的內在形式發展。

造成校園暴力的多種因素

被保護的生活空間

對教師暴力案件
6,308件

學生間暴力案件
20,146件

對人暴力[3]
266件

物品毀損
13,299件

學校很無趣

家裡很無趣

對自卑的鬱悶
造成的補償心理
或反抗

從電視、漫畫、
DVD等媒體學習
到的暴力表現

「有必要的話我
也不介意動粗」

「不怎麼重要的事情
警察也不會抓」
這種安心感

出處·「在教導學生上各種問題的現狀」
（平成18年度·文部科學省）。案件數皆
為學校內發生的數量。

少年們的負面能量，藉由霸凌、家庭暴力、拒絕上學等行為逐漸內向化、陰險化。

3. 對人暴力是指對教師及同校學生之外的人的施暴行為。

不想上學的原因？

發展障礙、霸凌、與老師的關係等各種理由

●1年有12萬人以上拒絕上學

所謂不上學的兒童，指的是一年間缺課超過30天的兒童（生病或經濟因素除外）。根據日本文部科學省的調查，2005年度的國立、公立、私立的國中小學當中，不上學的兒童有12萬2255人，近幾年有減少的傾向。

他們拒絕上學的原因，小學生是「問題在本人身上」最多；國中生則是「起因於學校生活」占首位。而之所以會持續拒絕上學，國中小學的理由都是「因為不安等情緒上的混亂」占最多。其中「起因於學校生活」，主要是和朋友之間的關係、與教師之間的關係的問題、學業不佳、不能適應社團活動等。

此外，拒絕上學也有顯現逃避社會和現實世界「**反社會的非行**」的另一面。會造成這個現象，可能是因為玩遊戲、看電視等可以一個人玩樂的時間拉長、小家庭化、家長過度保護等，強化了孩子的自閉性格，造成無法順利和他人交往的孩子不斷增加。

●發展障礙也是原因之一

在造成小學生拒絕上學的因素「本人的問題」當中，除了因為生病造成缺席、轉學等，也有案例疑似因為與發展障礙相關，因而造成孩子拒絕上學。那就是因為「**學習障礙**」（Learning disabilities；LD）等因素，造成孩子無法和其他同齡的小孩做朋友、無法克服學習困難，甚至是基於以上理由，造成本身有發展障礙的孩子被同學欺負等，都可能是孩子拒學上學的原因。

一旦孩子拒絕上學的時間拉長，想要在學校和社會建立人際關係就會變得愈加困難，最後還有可能演變成自我封閉的繭居族4。

---

4. 指不上學或不上班，過著自我封閉生活的人。

拒絕上學的6種類型

1 起因於學校生活的類型
（霸凌、與老師的關係等）

2 遊戲、非行造成的類型

3 沒有精神的類型

4 因為不安等情緒混亂引發的類型（模糊的不安）

5 有意識反抗的類型

6 ①～⑤的複合型

註・在直接因素當中，除了和學校生活相關的因素和本人問題外，也有和家庭生活相關的理由，像是家庭環境劇變和親子關係的問題等。

反社會的非行

現代的孩子，只要有電視、電腦、遊戲等，即使沒有人陪，多少也能夠自得其樂，因此變成無法接觸現實世界和認識朋友。

Key word ── 自我封閉和對父母的暴力

　　從拒絕上學到輟學後自我封閉關在家裡的案例也不在少數，自我封閉的學生對於忍耐欲求不滿的能力比較低，他們的攻擊性大多都是朝著家人，尤其是母親發洩。因被壓迫的感覺讓抑鬱的感情爆發，甚至引發重大傷害事件或殺人的案例也不在少數。

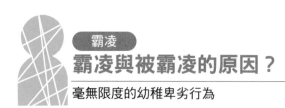

霸凌與被霸凌的原因？

毫無限度的幼稚卑劣行為

●欺負弱小是人類本能的攻擊性嗎？

根據日本文部科學省的調查，2005年度全國的公立高中、國中小學校總共發生2萬143件霸凌事件。但是，如果加上那些沒有爆發的案件，霸凌事件可能超過這個數字的好幾倍、甚至是數十倍以上。

欺負弱小這種事情，不論是職場或任何場域，只要是有人的地方，都會發生。這說不定是人類將狩獵時代的攻擊性、在畜牧時代對於握有家畜的生殺大權的支配快感，用「**欺負弱者**」的方式表現出來。

如果欺負弱小的人澈底堅持持續這種陰險化、內向化的暴力，將會是很嚴重的問題。集體無視（日文為：シカト、SHIKATO）、言語暴力、恐嚇、嘲笑、藏匿／破壞其所有物……，導致被欺負的孩子覺得絕望，心裡背負著深刻的傷痕，最嚴重的狀況有時候也會演變成拒絕上學或甚至自殺。

●期盼孩子社會化

霸凌的原因之一，是和孩子的社會化不足有關。處理方式是促進孩子控制攻擊性和衝動的能力，並且用具體的方式教導孩子支配他人、對他人使用暴力是「錯誤的」。對於「被欺負的孩子」，也應該讓他們學習防衛自己的尊嚴、主張自我意識等在群體生活當中必備的技能。

Key word ── 霸凌IT化？

國高中生利用網路上原本用來交換資訊的「學校匿名網站」欺負特定的人，或者是用手機簡訊欺負人等，霸凌的手段已逐漸多樣化、惡質化。這種方式的霸凌因為不需要直接動手，因此欺負的程度很容易愈加升級；此外，也很難被周圍發覺，不容易被發現。

防止霸凌8大策略

預防

1 引導孩子社會化
用具體的方式教導孩子支配他人和對他人使用暴力是「錯誤行為」。

2 給予學科學習以外的活躍空間
會欺負別人的孩子通常在校成績不好、在學校常常得不到滿足，因此應該給予他們除了成績以外能夠獲得認同的領域。

3 停止體罰
暴力是能夠學習的。老師對學生的體罰，就像是在散播霸凌的種子一樣。

4 積極進行霸凌防治教育
告訴孩子霸凌的實際情況，讓老師與學生一起討論、一起思考。

5 教出強韌、堅強的孩子
對於那些容易被欺負的孩子，我們應教導他們在團體生活當中生存下去的知識及技巧。

處理

6 老師應該盡早處理
和孩子建立親密關係，觀察他們的行動。要盡快掌握霸凌事件，在必要的時刻必須介入處理。

7 對加害者給予適當處置
不要想在學校就解決所有事情。惡質的霸凌要積極地尋求外界專家介入處理。

8 提供方便學生諮詢的環境
學校聘請校內諮詢師可以讓受欺負所苦的孩子尋求幫忙，或是在校外設置諮詢機構等。

弑親的原因？

正因為關係最親密，一旦關係惡化很容易陷入泥沼

●關係愈緊密愈容易引發弑親

縱使也有覬覦父母財產引起的利慾殺人，但是大部分的弑親案件，都是在親子關係惡化、紛爭愈演愈烈下造成的，屬於愛與憎恨等內心的感情糾葛造成的殺人。傳統上，也有一種弑親的情況被稱為「**弑君**」：那是長年被迫忍受如同暴君般高壓的父親，為了解救家人或自己離開「暴君」，最後不得不殺掉父親的案例。

有時候也有「被殺的父母親，其實比犯人的殺人責任還要重大」的情況。例如在一件女兒殺害親生父親的案件中，這名父親不但性虐待自己的女兒，還讓女兒生了五個自己的小孩，最後又嫉妒女兒有了新的戀情而加以施暴。順帶一提，這個案件也讓「弑親不是死刑就是無期徒刑」的殺害尊親屬法條（刑法第202條）遭刪除（1995年）。

●弑親的原因以親屬關係為起頭，各種要素錯綜複雜

弑親也會隨著時代而改變，現代化的弑親類型也在增加當中（如右頁等5類型）。比較引人注意的轉變是自我封閉引發的家庭暴力、弑親。像是一直被家長逼迫走出家門的孩子，因為無法忍受而將父母親殺害的案件；或者是相反的，因父母無法忍受家庭暴力而殺害孩子的事件，都在持續發生。

不論哪一種情況，弑親的原因錯綜複雜，無法擇一而論。也就是說，不管是哪一種案件，都是由精神病理、家族病理、腦器質性病理等二重或三重交織連結而起，因此，有必要從各種角度進行多方面的檢討。

弒親的5類型

❶ 逃避糾葛型
為了避免被父母毆打或被強迫去上班、唸書而殺人。

❹ 退縮家族型
被地方或親族孤立的家族,因為失去了家族成員而造成家庭平衡崩解,從此失去壓抑和調整的功能,導致毀滅。

❷ 病態離家型
為了想要從親子關係當中得到解放、為了自立的強迫性觀念而殺人。

❸ 偏執憎恨型
即便沒有被過度干涉,也無情感上的糾葛,仍會為了懲罰父母從前的所作所為而殺人。

❺ 弒君型
為了保護家人遠離父親的暴力、虐待及威嚴統治而殺人。

Key word ── 比「弒親」還要多的「弒子」

其實,在家族內部發生最多的殺人案件是弒子。新生兒被殺的案件大多是因為他是不被期望出生的孩子,在出生後就馬上被殺害,這種情形最容易發生在未婚女性身上。而嬰幼兒被殺的案件則是以母親罹患產後憂鬱症(也就是產後精神病)的情形最多。此外,也有因為管教、虐待而造成的弒子案件。

造成非行的責任在父母身上嗎？

家庭的功能不全導致少年非行的發生

●難道家長已經無法掌控了嗎？

曾經，少年非行是因為破碎的家庭、經濟貧困等原因造成，當時強調的是家族的病理性；但是現今最大的問題，是那些從旁觀者眼裡看起來沒有問題、一般家庭裡的小孩的非行。

似乎在現代的「一般家庭」當中，隱藏著會讓孩子走向非行、無法矯正的因素。

曾經，父母親是扮演教導孩子一舉一動等生活習慣，以及和人打招呼等基礎人際關係的角色。讓孩子「社會化」後出社會，一直都是家庭扮演的角色。

而現在的孩子，從幼年時期就能夠接觸到電視等科技，並取得大量資訊。本來就很難期望他們只依據父母親的價值觀建立他們自己的精神方向、生活習慣或是人際關係的規則。於是，父母的角色，就只剩下提供孩子生活必須的物質基礎而已。因此，孩子未成熟的社會性就變成導致少年非行的重要原因，也就是說，少年非行，有一部分是家庭、父母自己散播的種子。

●回復「父親」應有的功能

現代家庭的狀況是：母親的作用——關愛、疼愛，「包容」的母性原則過於擴大，而父親所扮演的分辨善惡的「裁判」機能則不斷縮小，呈現了不平衡的狀態。從前，孩子都是藉由慢慢認同父親，讓自己心中的社會規範和道德成形，進而成長。但在現今小家庭、男女平等的社會中，父親的權威感下降，反倒是光只有溫柔、善解人意的父親增加了不少。說不定只有重新思考父性原則、恢復適度的管教，才是防止少年非行的關鍵。

家庭型態改變了

從前，小孩都在家庭中接受管教，在不受社會的不良影響下長大。同時，父親角色強悍，是孩子社會化、大人的榜樣。

小家庭化
傳統上的父母功能無法傳導至下一代

父性價值弱化
失去模仿的榜樣

母性價值強化（過度保護、溺愛）
撒嬌、幼兒化

雙薪家庭放任、手足減少（少子化）
現實上的人際關係學習不足

**在規範意識無法形成的情況下成長，
走向初期型非行
（順手牽羊、偷腳踏車、偷機車等）。**

Key word —「環境荷爾蒙」是造成少年非行的原因？

有研究指出，戴奧辛等環境荷爾蒙（內分泌干擾物質）會對孩子的腦部造成影響。目前我們認為這些物質可能對於胎兒和嬰兒造成微細腦器質性變異、早產兒腦部障礙的危險性相當高，但是目前對環境荷爾蒙仍沒有更進一步的認識，相關的處理對策也還沒有出爐。

學校中為什麼會發生這麼多的問題？

不只因為學校內充滿不成熟的學生，不成熟的老師也變多了

●學校也有封閉空間特有的危險性

長久以來，我們對於校園暴力、霸凌、班級崩壞[5]等學校的負面消息時有所聞。校園本來就是為了教育而形成的受保護空間，對外具有封閉的特質。而這樣的封閉性竟釀成了災禍，造成了一個充滿各式各樣問題的空間。

學校在齊頭式的平等主義之下，一直以來的教育都比較注重在學生的成績。或許填鴨式的知識教育重心使得學校忽略了心靈教育，才造就了現今的狀況。有一部分的教師，他們不想把握和孩子進行人性交流與接觸的機會，甚至有時候就連教師自己在社會化的方面都沒有完全成熟。

同時，家庭教育的機能也漸漸崩解，於是很多兒童在尚未成熟的情況下進入校園，接著又被尚未完全社會化的教師指導，造成了惡性循環。

●理解「新新人類」，培育他們

現代的孩子、甚至是年輕教師，可以說是完全進入電視世代的「新新人類」。他們從幼兒時期開始便接受了大量的資訊洗禮，特徵是：具有影像式思考方式；行動原則是衝動的、以快樂優先；在社會性方面是未成熟的、虛構現實的；在建立實際的人際關係上比較困難。由於孩子的變化如此急速，因此在校園這種舊態依然的封閉空間裡，就產生了劇烈的文化衝擊。這時我們需要針對各個學生進行因材施教，但是或許這當中也有部分超越教師的能力。

於是，設法了解新世代的孩子，以及思考該如何教導他們社會化，將是此後讓學校重獲新生的重點之一。

---

5. 學生不遵守教師的指導且恣意妄為，使教師無法教學、無法掌控班級的狀態。

了解新世代孩子的心理

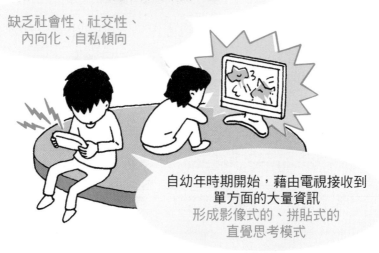

感覺對的東西→酷
感覺不合的東西→土

缺乏社會性、社交性、內向化、自私傾向

自幼年時期開始，藉由電視接收到單方面的大量資訊
形成影像式的、拼貼式的直覺思考模式

「快樂原則」追求當下的滿足、衝動的行動模式

說不定孩子與大人的「語言」已經不同。

「雙語者」的建議
保持柔軟的心，學習孩子的心理與文化，進而理解他們。

Key word —— 整備「兒童精神醫療系統」

現在的學校，亟需能夠照顧孩子心靈的人才。雖然目前校內輔導中心聘有臨床心理師的情況已經有所進展。但是在發展遲緩、腦器質性變異的領域，由國家培育兒童精神醫師，以及設置能提供教師諮詢的學校專屬精神醫學家也相當重要。

地下鐵沙林毒氣事件（1995）

將狂熱宗教團體的恐怖印象，深深地刻印在日本人的心裡。

●在早晨的尖峰時刻發生的慘劇

1995年3月20日，劇毒的神經毒氣沙林在充滿通勤族的東京都心地下鐵千代田線、丸之內線和日比谷線的電車內散布開來。造成乘客和站務員11名死亡、3796人重傷，是日本戰後最大等級的隨機殺人事件。而由於這個事件是史上第一起，在大都市裡針對一般不特定的市民大眾，利用化學武器進行恐怖攻擊的事件，因此對全球造成了很大的衝擊。

發動襲擊的是受到麻原彰晃（本名松本智津夫）指示的奧姆真理教信徒，這些信眾分散在各路線的各站裡，帶著裝有液態沙林的塑膠袋上車，在事前選定的車站用雨傘將塑膠袋刺破後下車，造成沙林毒氣外洩。車廂內的乘客一個接著一個倒下，大家開始陷入恐慌。有些站務人員在不了解是毒氣的情況下直接接觸到沙林導致死亡，而被搬出車廂的沙林袋也造成民眾二次傷害。

這個事件，起因於麻原彰晃感覺到，隨著目黑公證役場事務長的誘拐案6以及坂本堤律師一家殺害事件7的調查腳步不斷逼近，自己將因涉嫌而面臨強制搜查，於是將目標集中在東京都中心的公部門，以擾亂警察搜索為目的，進行了一連串計劃。

日本警視廳認為地下鐵沙林毒氣事件是奧姆真理教所為，因為造成7人死亡的松本沙林事件8也和奧姆真理教有所關聯，於是開始強制搜查他們位於山梨縣上九一色村的根據地，從陸續逮捕的教團幹部口中查出了事件內容的全貌。

事發後2天的3月22日，警察強制搜索了教團設施（Satyam）9，才終於逮捕了主謀麻原彰晃。

●心靈控制的結果

奧姆真理教的教祖麻原彰晃，本名松本智津夫，是施耐德所說的一種狂熱分子。但是實際上松本不僅是狂熱分子，他還具有偏執般強烈的被害妄想和妄想性的誇大觀念（Grandiose idea），其中特別是將健康惡化和對死亡的恐懼，想像成社會或國家的滅亡。

為什麼麻原能夠讓他的信眾如此醉心、任憑擺布，泰然自若地做出殘暴案件呢？

這就是邪教團體令人感到毛骨悚然和恐懼之處了。無關教祖或教義的內容，因心靈控制造成的「洗腦」，的確是能讓信者堅信教團是絕對的。

所謂心靈控制，是利用截斷一個人的感情、禁止人睡覺，反覆將如洪水般的訊息注入人的心靈當中。甚至是利用迷幻藥或其它藥物，使人的精神虛弱，進而被洗腦，利用這種精神控制方式，針對自我意識尚未完全確立的現代人，以及缺乏社會歷練的知識菁英，要掌控他們更是輕而易舉。

教徒遵循被改稱為「人類的救濟、療癒」的教團正義，成為深信殺人也是完成教義的手段之一的「確信犯」，實行恐怖行動。

---

6. 為1995年奧姆真理教綁架當時的目黑公證役場事務長仮谷清志，並且加以監禁、殺害、遺棄屍體的事件。

7. 坂本堤律師一家殺害事件是1989年11月4日奧姆真理教6名幹部闖入批判奧姆真理教的日本律師坂本堤家中，殺害坂本一家三口的事件。

8. 同樣也是奧姆真理教所策劃的，發生於1994年6月27日至6月28日，地點在日本長野縣松本市。

9. Satyam為奧姆真理教的宗教設施，在梵語中Satyam為「真理」之意。

教團以教主為絕對的中心，
為達目的不擇手段。

MIND CONTROL

●地下鐵沙林毒氣事件帶給日本人的醒悟

因為這個事件，日本人深切感受到，這種針對不特定多數人作為攻擊對象的隨機式恐怖活動，真的可能會發生在他們的身邊。此外，他們也認識到狂熱的宗教組織、邪教信徒，為了實現目的可以說是不擇手段的。

沙林毒氣事件過了六年後，在2001年9月11日於紐約發生的同時多起恐怖攻擊事件[10]，也讓曾有類似經歷的日本人能站在感同身受的角度看待。這種意識的萌生，應該更能成為一個契機，讓我們開始自省，「為了達到目的不擇手段都能得到原諒」的這種思考和行動模式是否具有正當性。

---

10. 九一一恐怖攻擊事件是2001年9月11日發生在美國本土的一連串系列自殺式恐怖襲擊事件，當天早晨蓋達組織的成員挾持四架民航客機，其中兩架分別撞向紐約世界貿易中心雙塔，造成多人死亡。

第4章

——

有可能防範
犯罪於未然嗎
？

容易引發犯罪的環境？

當環境條件齊備時就會產生犯罪者

●地域意識低落與犯罪發生有所關聯

犯罪發生除了犯罪者本身外，與環境也有莫大的關係。究竟是怎樣的環境會引發犯罪呢？

研究犯罪與環境間關聯性的**環境犯罪學**（參考210頁）有種名為「**破窗效應**」（Broken Windows Theory）的概念。從這個「如果將破掉的窗子放著不管，其他完好的窗子隨後也將全被打破」的概念來看，縱容、默許乍看之下程度輕微的惡行、還不能說是違法的無害脫序行為，會成為對維持秩序漠不關心的象徵，進而創造出容易引發犯罪的環境。居民意識的低落，也將會帶來環境惡化、犯罪猖獗的惡性循環。

另一個有名的概念，我們稱作「**日常活動理論**」（Routine Activity Theory）。也就是在同一時間、同一空間下，「有犯意的行為者」「（合適的）目標」「（具遏止力的）監視者不在場」這3項條件齊備了，就會引發犯罪。

不論何者，為了守護秩序而存在的管理或監視者（警察、監視器、居民等），以及地區居民的高度關心與行動，被認為與犯罪防範息息相關。

●都市會孕育出各式各樣的人

也有種觀點認為都市化會造成犯罪率的增加。在都市裡，血緣、地緣這樣的共同關係消失，人們變得孤立無依。人際關係的缺乏、歸屬感的喪失，使得心情緊繃、焦躁不安的人愈來愈多。這樣的人容易累積壓力，對社會抱持著怨恨與憤怒。在這種環境下，便容易出現犯罪者。

所謂的預防犯罪之破窗效應

「如果將破掉的窗子放著不管，
其他完好的窗子隨後也將全被打破」

無視輕微的惡行

在牆上塗鴉或超速等

輕度犯罪變得頻繁

認為「只是這樣的程度沒關係的」的人增加。

居民的意識低落

隨著輕度犯罪頻傳，居民將漸漸習以為常。
當此一傾向持續不變時，有警覺的居民將離開該地區。
該地區惡名遠播，吸引其他地區的罪犯前來。

犯罪頻傳

要預防城市的犯罪化、荒廢化

居民當事人意識的提升　　　　　警察取締勤務的澈底執行

相互合作關係的確立

警察面對犯罪的處理態度是如何演變的？

犯罪隨著時代狀況會有不同面貌

依年代順序回顧日本二次大戰後的犯罪，會發現：

〈昭和20（1945）年代〉…一般刑犯的舉報件數急速增加，在昭和23〜24（1948〜1949）年間約160萬件。尤其以粗暴犯[1]增加最多，由於生活窮困而使得強盜事件頻傳。中葉以後，財產犯減少，但殺人事件達戰後的高峰。

〈昭和30（1955）年代〉…一般刑犯的舉報件數，從135萬件左右開始逐漸增加。尤其以粗暴犯、強姦與少年竊盜等犯罪的增加。犯罪開始出現明顯的都市集中化、廣域化，犯罪手法也隨之更加惡劣精妙。

〈昭和40（1965）年代〉…一般刑犯的舉報件數有減少的傾向，昭和49（1974）年下降至約119萬件。尤其是粗暴犯減半，凶惡犯也有所減少。另一方面，犯罪更進一步地擴大化、加速化，也發生過劫機等大型犯罪。

〈昭和50（1975）年代〉…一般刑犯的舉報件數轉而增加。主要是由於竊盜（竊取自行車、破壞自動販賣機）的增加。此外，電腦開始普及，也產生濫用這項技術的犯罪（例如：偽造貨幣等），而由於經濟社會結構的多樣化，也頻傳保險金詐取等事件。

〈昭和60（1985）年代以後〉…一般刑犯的舉報件數逐年增加（平成14（2002）年達到頂點）。智慧型犯罪、企業、組織犯罪等也變得多樣化。另外，過去70％左右的破案率[2]，至2001年降低至38.8％，而到平成18（2006）年又恢復到51.0％。

為了因應犯罪的變化，警方研擬了許多對策，但無可否認的就像是陷入無限迴圈一般。為此，警方也努力地在進行著如何預防犯罪。犯罪學上，比起「犯罪為什麼會發生？」也更將焦點放在「為什麼不會發生犯罪呢？」，為了控制人們的犯罪能量而不斷進行研究。

---

1. 暴行、傷害、脅迫、恐嚇等暴力性犯罪的總稱。

2. 所謂的破案，乃是指警方等將事件移送給檢察官（又或微罪處分）。破案率為破案件數／舉報件數×100。

戰後的犯罪傾向與警方的對應方式

昭和20年代

由於戰後的混亂，犯罪急速地增加。多屬粗暴犯或貧窮所引發的強盜事件。

昭和30年代

犯罪增加傾向趨於和緩。但粗暴犯件數增長，強暴也相當突出。

警方…
透過刑事訴訟法的修訂（1948年）警察法的修訂（1954年）等，進行警方的改革。

警方…
設置暴力集團犯罪專門搜查員、加強集中取締等對策。

昭和40年代

粗暴犯減半，犯罪大體上有減少的傾向。但也出現三億日圓強盜事件、劫機、劫船等大型犯罪。

警方…
由於奧姆真理教相關事件與阪神‧淡路大震災，進行恐怖攻擊相關法律之完善與災害警備活動之強化。

警方…
為了對抗大型犯罪等案件，強化搜查能力。

昭和50年代

犯罪又有再次增加的傾向。也出現固力可‧森永事件等奇特案件，而殺人或強盜等凶惡犯罪則稍有減少。

昭和60年代以後～平成

犯罪有持續增加的趨勢（2002年達頂點）。犯罪的擴張化變得相當常見，國際犯罪也有所增加。泡沫經濟崩壞後，以金融與呆帳相關之犯罪最受注目。

警方…
強化智慧型犯罪、廣域犯罪之搜查力與科學搜查力等。

為預防犯罪，在社區中的我們能做些什麼？

先從身邊能著手的地方做起，發揮社區監視的功能

●居民的高度意識能夠遠離犯罪

要打造不易發生犯罪的環境，就要連「不用那麼大驚小怪……」的小小脫序行為（違反倒垃圾之規定、服裝不整等）也要確實注意。此外，還必須增加警察的巡邏、加強地區警察與居民的連結，而最最重要的就是遵守秩序的意念。讓相對於想要犯罪的宵小的「監視者」確實存在。

另外，為了防範竊盜等財產犯罪，不在店內或車內放貴重物品；為了預防粗暴犯，則不穿顯眼服裝、不採取挑釁態度，如此將此類容易引發偷竊、暴行之根源隱藏起來也具有一定的效果。

●在各地規劃能讓人安全、安心的硬體設施

就硬體設施的實例來說，東京都在2003年制定了打造安全、安心城市條例，針對各種設施一一提出方針：在大樓等共同住宅裝設監視器、確立自主防範體制規定，以及在道路、公園等地藉由修剪樹木與設置反射鏡來消除死角、校園的進出管制與警衛的配置。可說是打造「監視者的存在」的政策。

如此一來犯罪若能減少，也將能夠降低投注在搜查、審判、監獄的收容等各方面的經費。

雖然在日本有種說法是「水與安全是免費的」，但卻仍然有犯罪在發生。自己與家人的安全，要以自己的力量來守護！這樣心態應該是不可或缺的吧。

檢查每天的安全度

防犯意識

●知道附近發生了什麼犯罪 （YES・NO）
●覺得「自己也可能會遇上犯罪事件」 （YES・NO）
●參加防犯巡邏與義工，重視與鄰居間的連結 （YES・NO）

自宅的防犯

●從周遭便能清楚看見玄關前的情況 （YES・NO）
●玄關或窗戶會上2道以上的鎖 （YES・NO）
●外出時，會有鄰居幫忙注意自家狀況 （YES・NO）

為了不受犯罪侵害

●在家時也要上鎖，並扣上防盜鏈 （YES・NO）
●下功夫不讓人知道是獨居 （YES・NO）
●避開陰暗或人煙稀少的道路 （YES・NO）
●搭電梯時會確認周邊是否有可疑人士 （YES・NO）
●包包不拿在靠車道側 （YES・NO）

NO多的人要努力增加YES才行！

依東京都緊急治安對策本部〈周邊的安全檢查表〉製作

Key word — 自主防犯志工（守望相助隊）

　　日本警察廳正在推動以地區居民為主體的自主防犯志工活動。活動實例方面，有開著裝上藍色回轉燈之汽車進行防犯巡邏、由有養狗之飼主所做的「汪汪巡邏」等。由小學家長教師會（PTA）所進行之防犯巡邏也早已確立。這些措施乍看之下似乎相當簡單，但卻是非常有效。

犯罪會受到電視和影片的影響而發生嗎？

有可能會改變大腦而引發衝動行為？

●電視的普及讓思考模式有所變化

約莫在1970年代以後出生的人們＝現代小孩，從嬰兒時期起就沉浸在電視這樣的資訊潮流中，在學會語言之前，腦內便大量輸入了畫面、音響等影像資訊。另外，也有學者指出從孩童時期便沉迷於電視遊樂器，會對大腦有所影響。

從嬰幼兒時期起，輸入腦內之資訊在質的變化、量的龐大化，也使得以往以語言為中心的邏輯思考，轉變為以畫面等影像或直覺為中心的思考模式。比起善惡、倫理規範，他們更重視趣味性，比起面對現實更偏向逃避不快，以獲得快樂為優先。成長於如此環境中的人們，現在也已慢慢地長大成人，還有些人已經為人父母。這樣的現代小孩的犯罪特徵，是衝動型且找不出明確動機的「遊戲型」。

●看暴力畫面會變得具有攻擊性嗎？

電視劇、電影、影片、動畫之中，充斥著暴力與戰鬥畫面。這些畫面會作為暴力行動之心像烙印在孩童的心裡，被「學習」起來，並會刺激人們在狩獵時代所獲得的攻擊本能，在受到某種壓力的狀況下，也許會成為引發突然之暴力行為的主要原因。這樣的影響或許在成年後也仍會持續存在吧。

再者，尤其是心智未成熟而長大成人的人，也有可能從戲劇等之中得到影響或啟發而犯罪。

電視孩童的問題點

學習暴力行動
（烙印在心裡）

變得不易
培養社會性

家庭內對話減少、
變得難以溝通

好厲害喔…

比起「善惡」，
更加重視「好帥」和「有趣」的
價值。

Key word ——「推理劇」能夠抑制犯罪嗎？

　　推理劇據說能夠抑制犯罪。觀眾會將自己和畫面中殘虐的犯罪者、殺人犯同化，模擬體驗暴力、虐待、破壞的快感，進而得到代理滿足。而接著，又會將自己和懲治罪惡的正義一方主角同化，感受懲惡揚善的快感。因此推理劇具有能將心裡的糾葛投射在戲劇中，將其抒發（抒壓）出來的一面。

解讀當時事件與犯罪者專欄…⑥

酒鬼薔薇聖斗
──神戶連續兒童殺傷事件（1997）

陷入精神危機的少年A，試著透過殺害兒童來確認自我存在。

●獵奇的犯行與血紅的犯罪宣言

1997年5月27日清晨，兵庫縣神戶市一所國中的正門前，發現疑似遭人切斷棄置的小學生首級，並留下開頭為「那麼，就開始遊戲吧……」被稱作是挑戰書的犯罪聲明，署名為「酒鬼薔薇」。

追查被害人的身分，發現是住在附近的小學六年級學生。6月4日，神戶新聞社收到了第二封犯罪聲明。自稱為「酒鬼薔薇聖斗」的犯人，用紅色墨水寫下：「想要讓如透明般存在的我……被當作是實際存在的人」。在媒體鋪天蓋地的報導下，傳出有拿著黑色垃圾袋的中年男子與可疑白色休旅車等目擊情報；但最後在6月28日，國中3年級的少年A（當時14歲）被逮捕，震驚了整個社會。

之後，還發現從2月起發生在神戶市內3名小學女生的隨機殺人、傷害事件，也證明是少年A的犯行。

●透明的存在──自我不斷地消散

少年A在接受精神鑑定後，被診斷為「品行障礙、認同障礙、解離性人格疾患」，10月13日被送往醫療少年院。這段期間裡，有雜誌肆無忌憚地刊載了其真實姓名與臉部照片，武斷地將少年報導為偏執狂、人格障礙。

解開少年A心中黑暗面的鑰匙，或許就在於聲明中不時會看到的「如透明般存在的我」這個句子上。他在嚴厲、非常自我中心的母親教養下長大。代替母親給予他親情溫暖的祖母，也在少年小學5年級時過世。他從這時候起便開始對「死」抱持著關心，開始陰鬱地虐待、殺害動物。升上中學後，少年A面臨到「青春期危機」（參照108頁）。此一時期的少年們，會遭遇自我認同的確立──回答「自己是

犯罪聲明文被喇在放置於校門口的首級嘴裡。紅色且尖銳的
文字突顯出犯人的異常（此乃寄送到神戶新聞社的文章）

什麼？」此一疑問的心理課題。據說此一時期，少年A總是把自己關
在房間裡，並未對周遭的人敞開心房。

少年A所謂的「如透明般存在的我」，或許就是在學校與家裡都
感受到不被認同的自我存在，不知道自己是什麼人，而發出認同迷失
的悲痛吶喊。

少年A的精神，應該是處於嚴重的認同危機之下。在醫療少年院
接受治療或許是種妥當的判斷吧。

2004年3月，21歲的少年A申請假釋出院獲准（2005年1月正式出
院），走上了更生之路。

什麼樣的人容易和周圍發生摩擦？

邊緣型人格障礙容易和犯罪有關？

●性格偏差明顯的人

性格偏差明顯的人，過去稱為性格異常。或者也稱作心理病態者、社會病態者等，而現在一般則稱為「**人格障礙**」。

具有人格障礙的人難以跟外界連結。對於自我的認知以及他人的認知方式，或是情感的表現方式等（來自所屬文化所期盼的方式）都明顯地傾斜，且缺乏彈性，在自我內心方面以及在人際關係上產生問題。這些特徵最早從青少年時期開始，並且會一直持續。此外，這和藥物、生病、受傷等並無直接關係。

●遊走於生病和正常的界線上

人格障礙的其中之一就是「**邊緣型人格障礙**」。

邊緣型人格障礙的特徵有衝動、容易激動以及有自暴自棄、自我破壞的傾向。他們最顯著的獨特行為模式就是「對於被遺棄感到異常不安、害怕」。在殺害家人、情人以及偷窺跟蹤殺人等罪犯當中，就發現了患有這種障礙的人。

此外，現在日本的司法制度中，尚未有罹患邊緣型人格障礙的被告被認可減刑的判例。但從精神醫學的角度來看，這些人是患有不穩定且嚴重的精神障礙者。以精神耗弱為由提出減刑，無非也是希望他們能夠成為治療的對象。

邊緣型人格障礙的診斷基準是？

1 為了避免
被遺棄而努力

2 不穩定且激烈
人際關係

3 性別認同障礙
（不穩定的自我形象）

4 可能傷害自己的
衝動行為

5 有自殺或自我傷害的
行為、舉動、威脅等

6 情感容易改變

7 慢性的空虛感

8 不合意就會激烈地發怒

9 因壓力而產生的妄想意
念以及嚴重解離性障礙

符合5點以上
（但也須考慮這個人的社會環境為何）

摘錄自《DSM-IV-TR精神疾病的分類及
診斷手冊》

Key word ──「割腕」的人

　　有些人會重複做出以刀子切割手腕等自傷行為（割腕）。對於這種習慣性的情況，與其說是自殺，倒不如說是以自傷為目的。一般認為，悲傷、憤怒、孤獨或自卑感等情感上的衝動無法克制時，或是精神壓力導致身體症狀的衝擊等，就會出現自傷的行為。在反覆做出自傷行為的人當中，多數為疑似患有邊緣型人格障礙。

多重人格

患有多重人格疾病者的犯罪，可以問罪嗎？

多重人格者事實上並不罕見

●多重人格者存在於現實當中嗎？

一個人擁有兩人以上、複數的人格，副人格在主人格不知道的情況下犯罪，這種多重人格者的犯罪在小說、電影當中都相當熟悉。**多重人格障礙（症候群）**在DSM最新版《精神疾病診斷與統計手冊》（參考202頁）當中，被視為是「**解離性障礙**」。在美國，因為威廉·密里根（William Stanley Milligan）的事件（參考Key Word），而聲稱自己是多重人格的犯罪者急速增加（人格的數量也迅速增加），但當中大多都是詐病（偽裝生病）。

多重人格障礙者的背景，大多是在小時候曾遭虐待等嚴重的創傷，而且大多都同時患有解離性障礙或是創傷後壓力症候群（PTSD，參考156頁）。

●多重人格者具有刑事責任能力嗎？

要審問多重人格者犯罪的罪行，有許多困難的問題存在。像是①需鑑定是不是詐病、②如果是多重人格者，需判斷犯罪時是主人格還是副人格、③供述的犯罪經過及犯罪動機的可信性等，無論何者都無法輕易得到答案。

威廉·密里根自刑罰中逃脫了出來，但同時期，訴求多重人格的強暴犯者卻被判為裝病而服刑。自此以後，美國對於多重人格在法庭上的審判就變得更加嚴格了。

在日本，有案例顯示，犯下殺人未遂的女性，因為是在多重人格時所犯下的罪行，而受到不起訴的處分。此外，在日本犯下連續誘拐幼女殺人事件的宮崎勤，雖然訴求為多重人格，但最終確定被判死刑。

為何複數人格同時存在於一個人體內？

多重人格障礙（解離性障礙）
擁有獨立性格及記憶的複數人格，在一個人的體內所展現出的狀態

讓我來幫你改變吧！

在半世紀多前，雖然有多重人格病例的報告，但當時只有2〜3個人格。現在，二位數以上的人格已經不稀奇，甚至有超過100個人格以上的。

幼兒時期的虐待

心理防衛機能的分解

無法停止的痛苦或記憶等的創傷，藉由自我切割分解來保護自我。在這些創傷不停反覆之下，就會產生反覆解離，人格也增加了。

Key word ── 威廉・密里根（William Stanley Milligan）

　　1977年，美國俄亥俄州國立大學發生的女大學生誘拐強暴事件，犯人威廉・密里根，就是一位多重人格者。他擁有少年丹尼、少女克麗絲汀以及能說流利的阿拉比亞語的青年亞瑟等24個人格，他的犯行是由一部分的副人格所為。他是美國裁判史上，第一位因被認定為多重人格障礙所導致的心神喪失，而獲得無罪判決的人。

用犯罪剖繪就能逼犯人認罪嗎？

這項方法始自美國，在日本也開始被運用

●從犯罪事件的累積來縮小犯人形象

犯罪剖繪（Criminal Profiling）調查手法，是美國FBI最先開始使用。這是藉由累積過去犯罪事例，來推測未破案犯罪的犯人形象。而最能發揮其成效的情況是在「顯示未知的犯人的精神異常徵兆事件」上，這種方法能夠描繪出心理學、社會學上的犯人形象，以及類似事件為同一犯罪者的可能性，也有能計算出連續犯罪可能性的效果。

但是，犯罪剖繪並非用在鎖定特定犯罪人士。這項結果不會被當作證據採用，最終都只是搜查工具之一。如果在過去的犯罪事例中，其犯人是特殊案例，那麼就會產生是否能夠廣泛應用的問題。

犯罪剖繪的方式是由美國所創，該國經常發生加害者與被害者毫無關係的街頭犯罪。現在在日本，也正由科學警察研究所在建構相關資料中。

●從犯罪現場來鎖定犯人的居住地

有項手法叫做「地理式犯罪剖繪」。這是從過去的類似事件，針對犯人空間行動的特徵及犯罪場所選擇的特點進行統計分析，並抽取其行為模式，計算出該事件犯人居住處的高可能性地點，以及應該優先搜查的區域。

但是，分析需要有一定的數據累積，通常需要五個以上的地點。而日本現在正針對性犯罪事件的地理犯罪剖繪可能性進行研究。

為了鎖定犯人形象

地理式犯罪剖繪

統計分析過去事件的犯人行動特徵及模式，並計算出犯人居住的區域。

犯人形象
推測

統計式犯罪剖繪

分析並統計過去的類似事件，尋找與這次事件的相似點。

臨床式犯罪剖繪

犯罪背景被懷疑是性幻想時。收集、分類事件相關資料數據，再次重建犯罪過程，並設立假說。

地理式犯罪剖繪思考模式的案例

選擇犯罪場所的兩種理論

1 遠離居住地點的犯罪（在住家附近容易被目擊和搜索）

2 在離自家不遠處犯罪（移動等需要時間及勞力，在不熟悉的地方會感到不安等）

從①和②推論，犯罪地點會選擇離自家不遠不近的場所。

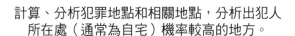

計算、分析犯罪地點和相關地點，分析出犯人所在處（通常為自宅）機率較高的地方。

犯罪剖繪的有效性是根據資料的質和量。

PTSD（創傷後壓力症候群）
是什麼樣的傷害深深烙印在被害者的心靈？

災害或事件帶來的恐懼會引起各種症狀

●重複循環創傷的「再度經歷」以及「迴避」

每當發生災害或重大事件，就會聽到PTSD（創傷後壓力症候群）這個詞。這是災害的受災者、事件的被害者以及目擊者容易產生的精神性後遺症，是因為事件讓心靈受創（創傷）而引起的障礙。例如，孩童看到可怕的電影後會做噩夢等。

PTSD被認為是以下症狀持續一個月以上，或是事件過後經過一段時間仍舊出現以下症狀。

〈再度經歷〉…即使不喜歡創傷經驗但仍會不自覺想起，變成噩夢。或是像做白日夢一樣地再度經歷（倒敘重現）。

〈迴避〉…迴避與創傷相關的思維、情感、活動以及場所。喪失創傷經驗的記憶。情緒層次低落，並孤立、疏遠於他人。

〈過度反應狀態〉…睡眠障礙、不易熟睡；焦慮、精神難以集中；過度警戒心、過度驚嚇反應等。

●犯罪被害者的關懷對策正進行中

PTSD會出現在幼兒時期的性虐待、強暴或強暴未遂以及跟蹤騷擾等性犯罪的被害者身上。其治療方式是需要長期追蹤，先由精神科醫師投予抗不安劑以及抗鬱劑後，藉由改善不安及抑鬱，使其面對自我嚴重問題，並接受心理療法及諮詢治療。藉由創傷經驗及情感的移轉和認同，使心理傷害受到治療。

此外也同時進行由警察所做的犯罪被害者支援、諮詢等。

使被害者為之所苦的PTSD

原因

1

瀕臨死亡或身負重傷的事件，或是經歷、目擊、
直接面對自己或他人的身體暴力。

不斷回想起
創傷經驗
（倒敘重現）

2

強烈的恐懼、無力感、戰慄。

主要症狀

睡眠障礙、
焦慮、
精神難以集中
等

迴避與創傷相關聯的事物
● 避免與創傷相關的思考、情
　感及談話
● 失去情感的豐富性，對未來
　不抱希望

Key word ●── PTSD與「越南戰爭」

　　在越南戰爭期間，不少經歷了游擊戰這個特殊恐懼的美國退伍軍人
中，爆發了不適應社會、慢性抑鬱、自殺衝動以及攻擊性等問題。而這
些症狀所帶來的藥物依賴以及反社會行為等，也是極大的社會問題。透
過研究，我們了解戰爭的後遺症和性暴力的後遺症的共通性，這和現在
的PTSD概念相關。

將內心的缺陷昇華為創作的天才們

尚・惹內及其他人
（1910～1986）

和文學無法切割的「犯罪」

●與犯罪共生的作家

有些作家的人生因犯罪而增添色彩。法國的尚・惹內是竊盜慣犯，他在十多歲時，多半都在感化院中度過，其後反覆地在各地被放逐、逮捕、監禁、強制離境及逃亡。他曾因被判徒刑而入獄，甚至差一點就被判終身監禁，但因為《竊賊日記》等作品被考克多（Jean Cocteau）及沙特（Jean Paul Sartre）所欣賞，因而得到總統的特赦。

眾所皆知，他在小時候被母親遺棄，並且在嚴苛的環境下成長，但將他推向創作的源頭，始終還是個謎。

●描繪現代人空虛的犯罪

有些作品是從犯罪來描繪現代人的心理。

法國作家卡謬（Albert Camus）所寫的《異鄉人》（Stranger）一書主角莫梭（Meursault），只是因為閃耀的太陽，而沒有其他原因就殺人。在失去生存意義的世界當中，他冷漠地迎接處刑之日。我們可以用「荒謬」這個字來形容莫梭，但莫梭所面對的孤獨及空虛，和比當時還要更加都市化、人際關係更淡薄化的現代而言，也是一種啟發。

在日本，如芥川龍之介的《羅生門》所描述的「為生存之惡」；以及森鷗外的《高瀨舟》所描述在船中殺害弟弟的細節等，這些和犯罪相關、深入人類心理的作品也相當多。

第5章

罪犯能夠重返社會嗎？

罪犯如何接受審判？

嫌疑犯遭到起訴後便成為被告

●嫌犯從警察經檢察官移送到法院

在犯行暴露後，警察會以搜查來舉發「嫌犯」。嫌犯會交由檢察官（**移送**）。可是，若是「微罪不舉[1]」的情形，那嫌犯本人並不會被移送，被移送的只有搜查文件的部分。

被移送的嫌犯，依據檢察官的判斷**起訴**。有時事件並不會被定罪，若檢察官認為事件不構成犯罪，或無法舉證定罪，將做成不起訴處分。所謂的起訴，指的是檢察官請求法官開庭審判。嫌犯在此時成為「**被告**」，於法庭接受審判。

●聽取檢方、辯方意見，同時蒐證

在刑事訴訟開庭審理[2]時，首先會告知檢察官、被告、辯護人出庭，聽取事件過程，並讓雙方主動或是被動地提出證據。

接著會由檢察官根據犯罪事實來舉證，並由辯護人（被告）進行辯護。接著由檢察官告知被告求處量刑，再進行辯護人的最後辯護、被告的最後陳述，便終結審判（結案）。之後法官將宣告判決。

Key word ── 裁判員制度

2009年5月日本施行由一般國民以裁判員身分參與刑事裁判的制度。裁判員將隨機抽選，並參與經地方法院審判的刑事裁判，如殺人、傷害致死、縱火、以贖金為目的之誘拐等重大事件。裁判員將跟法官一起判斷被告是否有罪、決定刑罰（量刑）輕重。

---

1. 成人所犯下之輕微竊盜、詐欺、盜領等，被檢察官認定為微罪的事件。
2. 在罰金跟科料低於日幣100萬圓時，有可能不開庭，直接以簡易程序（書面審判）進行審判。

從事件發生到審判的流程

搜查開始
●目擊者的供述、被害者與關係人的供詞、蒐證。

 犯罪發生 ▶ **犯罪通報**
110通報、自首等

不起訴
緩起訴

黑數
（沒被察覺的犯罪）

移送
檢察官
●逮捕後的48小時內（原則）

舉發
●特定嫌犯
●調查
●逮捕

陷入迷宮

起訴
●請求法官開庭

 嫌犯

開庭
（被告）

●依據狀況進行開庭前準備手續（整理爭議點及證據、準備預定的審判等）

開庭程序
●由法官確認是否為本人（人別詢問）、由檢察官朗讀起訴概要、告知其緘默權等權利 ●被告、辯護人的答辯（認罪與否）

調查證據程序
●由檢察官提出於開庭陳述時所提及之證據、請求調查證據
●由被告、辯護人提出證據、請求調查證據
●質問被告、詢問證人等

辯論程序
●由檢察官陳述對事件的意見（論告求刑）
●由律師陳述對事件的意見（最終辯護）
●由被告最後陳述

結審

判決
●法官宣告有罪與否。
●有罪的話宣告刑罰（量刑）。
●對判決不服的話，可向高等法院上訴。

精神鑑定
利用精神鑑定能獲得什麼訊息？

根據司法委託，調查被告是否具有刑事責任能力

●對嫌犯、被告施行法律上之精神診斷

所謂的「精神鑑定」，就是根據檢察官的囑託或是法官的命令，由醫師針對嫌犯、被告的精神狀態進行精神醫學上的診斷。雖然這在民事事件[3]、家事事件[4]中也會被施行，但主要是在刑事事件[5]中認為嫌犯、被告有精神障礙或是心理上的問題時才會實施。

日本最常實施精神鑑定的時間點為被告移送給檢察官，接受調查的階段。由檢察官提出「起訴前鑑定」的囑託。而這又以專家對嫌犯進行1次的面談，來做出結論的「簡易鑑定」為中心。根據法院的命令對被告人進行之鑑定稱為「司法精神鑑定」，這部分是需要花費數個月甚至是數年來進行正式鑑定。

●鑑定的結果會影響刑罰的輕重嗎？

要進行精神鑑定，是為了判斷嫌犯、被告是否具有刑事責任能力。不論是哪一國的法律，都有因嚴重精神障礙下的行為，皆不視為罪行的規定，在日本刑法第39條中也提到「心神喪失者之行為並不科罰。精神耗弱者之行為，則減輕其刑罰。」心神喪失者不論犯下什麼罪，都將不起訴，無罪豁免。而精神耗弱者則得以減刑。

針對重大事件的犯罪者，花上數年的時間進行精神鑑定，是為了判斷犯罪者在這起事件中責任的有無，讓法官得以做出有罪、無罪以及量刑的判斷。只是，最終是否採用精神鑑定的結論，端看法官的判斷。

---

3. 個人與個人間在生活中引起的紛爭。

4. 家庭內的紛爭等。

5. 由國家向犯罪者問罪的事件。

實施精神鑑定的過程

由精神科醫師等專家向嫌犯、被告實施

↓

精神鑑定的方法

調查本人生涯歷史

所需資料：口供（本人、家人、第三者）、戶籍、住民票（註：類似台灣戶口名簿）與其附票、學校的學生指導紀錄、工作地點的出勤狀況、評價、薪資等紀錄。

直接調查本人

一對一的面談、問診、各種心理測試（參照165頁），本人身體的診察、檢查等。

聽取家屬的說法

與雙親以及親戚、兄弟姊妹、配偶等面談或是電話詢問。

製作鑑定書

責任能力的有無

鑑定主要內文

一　被告現在的精神狀態處於妄想型精神分裂症。

二　被告在犯下本案時所處的精神狀態幾乎與右記之現在的精神狀態相符。

三　因此本人認為被告在犯下本案時的精神狀態處於妄想型精神分裂症下，幾乎喪失判斷自己行為是非善惡的能力、抑或是不具有根據其判斷來控制自己行為之精神能力。

鑑定結果如上。

平成○年○月○日

東京都ＸＸ區ＸＸ町Ｘ番Ｘ號

△△大學醫學部精神醫學教室・教授

鑑定人・醫師

●

●

●

●

心神喪失→無罪
由於精神障礙，使其無法判斷行為的是非善惡，不具有根據其判斷來控制自己行為。

精神耗弱→減刑
精神障礙顯著地降低其判斷能力以及控制能力。

鑑定主要內文（鑑定書的結論部分）的範例

利用心理測驗能獲得什麼訊息？

從問題與回答來探查犯罪者的潛意識

●以數種心理測驗進行全方位判斷

精神鑑定中最重要的雖然是面談與問診，但在進行時，會以數種心理測驗來加以輔助。根據測驗目的，可從①**成人智力量表**②**精神測驗**③**藉由紙筆測驗進行性格檢查**④**投射法檢查**等四個項目來選出數種測驗。

這些測驗可知悉受試者在智能能力與適應性效率等知覺上的另一面，以及其人格在意志上的另一面。尤其是在測驗中導入投射法檢查之後，就能以一定程度的客觀角度，推測出受試者的表層意識至潛意識的狀況。

●透過投射法來觀察受試者的心理

在施行心理測驗時，理所當然地會遇到為逃罪而佯裝擁有精神障礙，抑或是不希望自己的內心被他人入侵，而以防衛的姿態回話的案例。可是，即使將這些態度算入考量中，這些測驗的結果，依然能被視為是一個有效的測驗而加以活用。要欺瞞經驗老道的臨床心理學家以及鑑定人，是極為困難的事情。

尤其是在面對樹木人格測試（Baum test）等繪畫法、**墨跡測驗**等聞名的投射法時，受試者很難有意識地控制自己的反應，因此能明確了解其自我功能，甚至是潛意識的結構。

受試者有時會表現出自己都無法預料到的反應、讓鑑定人知曉自己想知道卻不得而知的事情等。也就是說，有時也會發生受試者將心理層面以肉眼可見的形式表現出來的狀況。

投射法的分析、解釋與其他心理測驗，都是執行精神鑑定時的重要工具。

從不同角度來引導出人格特質的4種測驗

1 成人智力量表

【例】WAIS（韋氏成人智力量表）

從受試者的分數，以標準差的方法來表現出其智力相對於人們平均值中所處的位置。根據受試者的態度，成績可能會有大幅的變動。

2 藉由紙筆測驗進行性格檢查

【例】矢田部—吉爾福德性格測驗

以【Yes】或是【No】來回答12種有關性格特性的問題。從分數的趨勢來判斷其個性。

可是，測驗結果會受到受試者與施測者的人際關係、施測時之心理狀態影響。

3 精神測驗

【例】克雷佩林心理測驗

讓受試者持續地進行簡單的加法算術，給予其課題。由作業量與錯誤的數量、速度等方面來查看受試者的智能以及性格。

4 投射法檢查

【例】語句完成測驗（SCT）

讓受試者寫下由簡短的單字或是文章所聯想到的東西。例如要對方將「若是我的母親……」的句子接續下去，藉此判斷受試者的內心狀況。

Key word —— 墨跡測驗

由瑞士的精神醫生羅夏克（H・Rorschach）所思考的其中一種投射法檢查。被認為是精神鑑定時所使用之心理測驗中最為有效的方法。讓受試者觀看10張墨跡（inkblot），詢問受試者看到了什麼，藉此評斷該受試者的人格，檢查是否有精神障礙。比起「看到了什麼」，更加注重「怎麼看待這個圖像」（著眼點、反應是平凡的還是特殊、反應時間等）。可是，要正確的解釋該測驗結果，需要眾多臨床經驗及訓練。

利用腦部檢查能獲得什麼訊息？

對腦部異常的觀察也可幫助判斷是否擁有責任能力

●從腦波也能看出一定程度的異常

在精神鑑定時，常會同時施行**腦波檢查**。在頭部以及耳垂等十幾個部位裝設電極，記錄腦部的電波訊號。藉由分析紀錄所得的腦波波形，來幫助判斷受試者是否有解離性障礙、睡眠障礙、酗酒等特定的精神疾病。

●用CT以及MRI來看大腦

現代技術突飛猛進，使我們能藉由**CT（電腦斷層掃描）檢查**、**MRI（核磁共振攝影）檢查**等方式來簡單地知悉頭腦內部的狀況。

在檢查罪犯中的人格障礙者時，可能會發現該對象的腦部患有某種型態的異常。這些異常有可能是犯人犯罪的根本原因，也或許能將這結果用在鑑定上。但是可能發展成「心神喪失」的精神分裂症以及躁鬱症等疾病，並無法藉由腦部型態異常來加以診斷。

對於從對腦部異常的觀察來評斷罪犯是否符合喪失、限定責任能力的狀況一事，醫學界跟司法界（司法官跟律師）的見解並不一致。可是，也常發生這樣的觀察被納入考量，反應在量刑（決定刑罰）中的案例。

腦波檢查（調查腦部機能）、CT與MRI（調查腦部狀態）的作法，也漸漸在精神鑑定中占有一席之地。在今後像這類的醫學技術持續發展下，或許哪一天我們能夠可以利用醫學、科學的表達方式來分析犯罪者。

調查犯罪者的腦部

腦波檢查

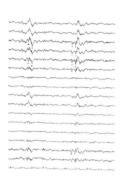

某位受到拘禁的精神病患的腦波

頭部的皮膚、耳垂等十幾個地方貼上電極，探測、記錄大腦內部的電波訊號。

能知道什麼呢？

有關體質以及腦部發展是否成熟的異常等

CT及MRI檢查

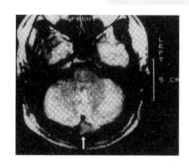

MRI照出的影像（腦部的水平切面圖）

CT（Computed Tomography，電腦斷層掃描）檢查 讓腦部照射X光，藉由電腦的處理，就能以斷層（切面）的狀態來觀察腦部。
MRI（核磁共振攝影）檢查 將受檢者的身體置於磁場中，讓周遭的磁場變化，藉此將腦部化為圖像。

能知道什麼呢？

腦部的萎縮以及病變（腫瘤等）的發生

Key word ── 裝病

　　是指罪犯假裝患有精神病，試圖逃避刑罰。在犯罪心理醫學書的普及，以及媒體對重大事件的大肆報導下，有些罪犯企圖藉由心神喪失、精神衰弱的方法來獲得無罪、減刑，但這並無法騙過經驗老道的鑑定人的眼睛。只是，在派出所、法院拘留室中，也會發生由「拘禁反應」而引發的精神障礙（拘禁性精神障礙）或是本來只是裝病，結果後來真的導致精神病發作的狀況（拘禁性詐病精神障礙）。

宅間　守

——大阪教育大學附屬池田小學兒童殺傷事件（2001）

輕微腦部失能、人格障礙、犯罪妄想……累積於人心中的「殺人願望」。

● **「想要讓生長於富裕家庭的孩子知道何謂人生的不公平。」**

2001年6月8日，早上10點過後，宅間守（當時37歲）開車進入大阪教育大學附屬池田小學。在第2節課的下課時間中，宅間首先闖入2年級學生的教室，拿菜刀殺害5名兒童，接著他又移動至其他教室，總共殺害了8名兒童，造成13名兒童、教師負傷。倒地的兒童、大量流出的血液、四處逃竄的兒童所發出的尖叫聲讓該地化成阿鼻地獄般的景象。

因殺人以及與教師的格鬥而感到勞累的宅間，最後被其他教師制服，遭到警方拘捕。

這可說是史上最殘忍、最凶惡的犯罪。宅間放話說，會選擇國小犯案，只不過是因為「學童的抵抗力較弱、逃跑速度較慢」。從他之後的口供，可看出他對生長於富裕家庭、接受菁英教育的兒童抱有嫉妒的情感。

● **侵蝕他內心的「犯罪妄想」**

宅間守1963年出生於兵庫縣。在精神狀況不安定的母親以及濫用暴力、管教嚴格的父親的撫養下長大。自幼兒時期起，他就是個問題兒童，在小學時擁有LD（學習障礙）等症狀。也從這時期開始就虐待動物。他從少年時期開始就擁有幻想症，似乎從國中時期開始就在腦中幻想強姦少女、監禁空中小姐、女學生，加以強姦、虐殺、駕駛大卡車輾殺路人等犯罪行為，並為此感到興奮。

在他就讀工業高中時便因為校園暴力等原因而退學。曾擔任自衛隊、市立公車駕駛員、小學技工等工作，但卻到處惹出問題。他結過4次婚，其中有兩次的對象是相差20歲以上的女性，也曾當過相差44歲

因為自身任性的理由而詛咒世界、累積恨意。

之女性的養子，從這之中可看出他對母性的渴望。

　　宅間數次犯下強姦、施暴、傷害等事件，曾一度入獄服刑。在精神分裂症的診斷下，他也曾接受過精神治療。在事件發生約4個月前開始，他便因為輕微的躁症而入院，而在事件的2週前左右陷入相當嚴重的憂鬱狀態。

　　在初次開庭，一開始的當事人陳述時，檢察官情緒激動、旁聽席傳來遺族啜泣的聲音，但宅間卻面無表情。

　　在進行鑑定、調查中，發現他是患有多重精神障礙的「精神病型謀殺犯」（參照第48頁）、反社會型人格障礙、妄想型人格障礙、加上腦部有腦腫瘤。或許就是這樣異常的精神狀態，使他把整個人生中的挫折以及嫉妒，發展成實現犯罪妄想的動力，才會引發這個事件。

　　宅間自己撤回對地方法院死刑判決的上訴，確定判處死刑。於2004年9月14日行刑，享年40歲。

刑罰

刑罰存在的理由？

以嚴格的刑罰來阻止人們採取犯罪的行動

●犯罪就要受罰

給予犯罪者**刑罰**的目的有以下三種：①預先告知民眾，犯罪者將受到刑罰制裁，從心理層面控制國民行動，令國民遠離犯罪（**一般預防**）②矯正受刑人，使其改善並預防再犯（**特殊預防**）、③應該給予相對的報應（刑罰）。①跟②稱為目的刑論、③稱為報應刑論。而日本對刑罰的態度被認為是採取兩者折衷的思考模式。

●刑罰有輕重

怎樣的行為是犯罪，對該犯罪又要有怎麼樣的刑罰？這些基準事先就制定於刑法中，使犯罪能夠個別地受到法律制裁。這稱為「**罪刑法定主義**」。

刑罰由重到輕依序為**死刑、懲役、禁錮、罰金、拘留、科料**（指罰金金額在一千日圓以上但不足一萬日圓、而且只適用於輕微罪行的刑罰）以及附加刑的**沒收**。除以死謝罪的死刑較為特別之外，懲役、禁錮、居留等剝奪犯罪者自由被分類為**自由刑**；罰金、科料、沒收等用金錢來償還的則分類為**財產刑**。

Key word —— 緩刑

沒有前科的人若是被判3年以下的徒刑、禁錮或是50萬日圓以下的罰金，則可判處緩刑。這樣的處置是為促使犯人自我反省、自我更生。在緩刑期間中如果沒有犯罪，則免處刑罰。沒有判處緩刑的判決稱為「實刑」，在判刑後必須立刻入監服刑。

日本的刑罰

沒收（附加刑）
沒收跟犯罪有關的物品。如偽造文書、凶器等。

輕

科料
徵收財產。1千日圓以上、未滿1萬日圓。

拘留
留置於監獄等刑事機構中。自由刑。1天以上未滿30天的期限。

罰金
課罰一定的金錢。財產刑。1萬日圓以上。

禁錮
監禁於監獄等刑事機構中。自由刑。有分有期徒刑跟無期徒刑。

懲役
拘禁於監獄等刑事機構中，並課以勞役。自由刑。有分有期徒刑跟無期徒刑。

死刑
奪取受刑者的生命。生命刑、極刑。在日本採用絞刑。

重

主要犯罪與刑罰

殺人（殺人罪）……死刑或是5年以上的懲役。

傷害（傷害罪）……15年以下的懲役或是150萬日圓以下罰金。

強姦（強姦罪）……3年以上的有期懲役。傷害致死罪為無期抑或是5年以上的懲役。

強盜（強盜罪）……5年以上的有期懲役。傷害致死罪為死刑抑或無期懲役。

竊盜（竊盜罪）……10年以下的懲役或是50萬日圓以下罰金。

死刑能抑制犯罪嗎？

殺人應該償命嗎？

●「以人道角度來說，必須廢止」的看法

死刑以及死刑制度的存續與廢止從人權、冤獄的可能性、有效性、妥當性、生命的尊嚴等各種觀點受到全世界的議論。廢除死刑論者主張，在統計上沒有證據可以證明死刑能抑止犯罪的發生。

但是刑罰除了**預防、抑制**犯罪的目的之外，也帶有贖罪的**報應**面向。在日本，對於殺害2人以上的犯人傾向判處死刑，這恐怕意味著能與這罪名相應的刑罰（刑事責任）也唯有死刑吧。猶如被害者家屬所說的「希望能處以極刑」一般，我們無法否定死刑含有報復、復仇的一面。此外，在歐洲各國以及美國許多州已經廢止死刑制度。

●對死刑犯來說，何謂更生？

在接獲死刑宣告而收容在拘留所的死刑犯中，有拒絕意識到死亡、否定恐懼的類型；有因死亡的恐懼而引發恐慌，陷入假性精神病狀態的類型。

其中也有以死刑宣告為契機，在精神上得到極大的轉變以及成長的人。他們會替被害者祈福或書寫文章。這會使人質疑像這樣改過向善的人，是否真的必須要處以死刑。只是，此類死刑犯的精神變化，都建立在死刑這種極限的狀態下。也曾發生過這類的死刑犯在一知道自己被減刑為無期徒刑之後，其精神境界再次無情崩塌的案例。

死刑犯心理層面的範例

拒絕意識死亡、否定恐懼。

以平淡的態度，說笑的語氣來談論自己
即將受刑的事情。缺乏對死的想像力。

〈例〉某個罪犯在被宣告死刑後
提出上訴，但若問他對判決的看
法，他會比出手刀架在自己脖子
旁，以談天的語氣回答：「我想
這次應該也是這樣吧？」

為逃避死亡的恐懼而裝病，
抑或是真的發病。

有時是裝病，也有時是真的生病。

〈例〉某青年在被宣判死刑後，就提出自己患上
被害妄想以及幻聽症狀，還會試圖與外星人跟樹
木溝通。在接受治療之後，又變回安靜的青年。

南無阿彌陀佛……

承認自己的罪過，在精神上
得到極大的轉變以及成長。

人生觀因此改變，也有成為思想家或是
藝術家的人。

〈例〉某死刑犯會藉由抄寫經書，創作文章來為
受害者祈福。但是這些轉變常在減刑之後又變回
原樣。

監獄是什麼樣的地方？

對罪犯進行一天24小時的管理，指導他們服勞役。

●受刑者每天過著怎麼樣的日子呢？

監獄就是在執行懲役、禁錮、拘留等刑罰6時收容罪犯的刑事設施。（在日本收容未定罪囚犯7以及死刑犯的是**拘留所**。）受刑者的刑罰將在監獄執行（稱為處遇）。

其中一種處遇就是「**勞役**」，受徒刑的罪犯有義務執行一定時間的勞役。根據受刑者的性向，除了會讓他們從事木工、印刷等製造業外，也會進行煮飯、清掃等內務工作，也會進行職業訓練。在民間企業的協助下，也有出外通勤的工作。也會支付作業獎金。（平均1個月4000日圓左右，在釋放時交付。）

●讓犯人察覺自己犯下的罪過，再度回歸社會

另外一種處遇就是「**矯正指導**」。讓受刑者了解自己犯罪的責任，培育健康的身心，指導他們出獄後在適應社會生活時所需的知識及生活態度。也有特別教育指導課程，幫助人從藥物依存中得到解放、脫離暴力團體、防止性犯罪再次發生。

若受刑者欠缺回歸社會生活時所需之基礎學力，將有學科課程。依據少年監獄的不同，也有地方讓受刑人完成義務教育，接受高中的遠距離教學課程。

Key word —— 監獄已經進入飽和狀態

在2006年12月31號、撰寫本書時，監獄等刑事設施所能收容的人數為7萬9375人，但實際收容的數量卻高達8萬1255人，呈現飽和狀態。現在採取讓個人牢房住2人、一般牢房改為上下鋪、在工作的空間用餐等權宜之計，但這樣一來會增加受刑人的壓力，令人對現況深感不安。

6. 有關各種刑罰請參照第171頁。

7. 在確定刑罰之前受到羈押的嫌犯、被告。

從入監到釋放

入監

根據入監的分類級別以及處遇的分類級別來決定收容設施。
入監分類級別＝A級（犯罪傾向輕微者）、B級（犯罪傾向明顯者）、M級（患有精神疾病者）、W級（女性）等。

受刑者的一日生活範例

6：30　起床　房內檢查、點名等
早餐
在工廠等地方工作（1天不超過8小時的範圍內）

12：00　午餐
會客、運動（1天30分鐘）等
入浴約一週2次左右
黃昏回房

●也會施行矯正指導
・改善指導、學科指導

16：30～　晚餐　自由時間

●工作範例
・製造業（木工、印刷、裁縫、金屬加工等）
・內務（煮飯、清掃、看護、設施的修補等）
・職業訓練

21：00　就寢

假釋、釋放

有「悔改之意」的受刑人可能獲得假釋。只是，在刑期結束之前，必須要接受保護觀察。釋放前必須接受「釋放前指導」（通常為期兩週）。
註：所謂的「悔改之意」必須符合可看出①悔改之意、②擁有更生意願、③被認為不會再犯、④社會情感可容許該犯人受到假釋等條件。

少年觀護所是什麼樣的地方？

也有初等、中等、特別少年觀護所全部走過的人

●在少年觀護所中讓非行青少年更生

14歲以上（在少年法改正後主要是12歲以上）的非行青少年中，受家庭法院判處收容保護處分的少年少女將被送到少年觀護所（法務省所管）。要被送到右頁中4種少年觀護所的哪一種，必須由法院依少年的年齡、犯案嚴重程度、是否與非法集團有瓜葛等來決定。未滿16歲的初犯主要是送到初等少年觀護所；與暴力集團有關係則送到中等少年觀護所。犯罪傾向嚴重的16歲以上少年將被送到少年觀護所的最後一站，也就是特別少年觀護所。

●要出觀護所必須經過4個階段

少年觀護所的處遇分為**短期處遇跟長期處遇**，進行促進其更生的生活指導、學科教育、職業訓練以及面談。根據行動以及態度讓他們晉級（最下級到最上級共4階段）。一升到最上級，便可在審查監護人、家庭環境之後允許其假釋。

假釋之後的少年在到達20歲之前必須接受「**保護管束**」。在服刑中若少年已滿20歲，將因年齡而釋放。但若改善情況不佳，則會繼續收容該對象至25歲。

Key word ── 少年鑑別所

少年鑑別所是家庭裁決所在對少年執行的調查、審判、保護處分等舉動時，以心理學、醫學等專門知識來鑑別少年特質的設施。在收容後經過2週或4週的鑑別，向家庭法院提出該對象應送至少年觀護所抑或是接受保護管束的意見。

少年觀護所會提供適合少年的處遇

4種種類

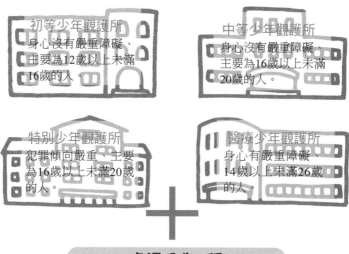

初等少年觀護所
身心沒有嚴重障礙、主要為12歲以上未滿16歲的人。

中等少年觀護所
身心沒有嚴重障礙、主要為16歲以上未滿20歲的人。

特別少年觀護所
犯罪傾向嚴重、主要為16歲以上未滿20歲的人。

醫療少年觀護所
身心有嚴重障礙、14歲以上未滿26歲的人。

＋

處遇分為3種

❶ 一般短期處遇
問題較輕微，很可能在早期就獲得改善的人進行短期、持續性的集中指導以及訓練。原則上是6個月以內。

❷ 特修短期處遇
對犯罪傾向比❶還要不明顯的人實施開放處遇。原則上是4個月以內。

❸ 長期處遇
無法適應短期處遇的人。

Key word ── 兒童自立支援設施

對於具有不良行為抑或是可能染上不良行為的兒童，以及因家庭環境等因素而需要生活指導的兒童，兒童自立支援設施便是支援這些兒童獨立的設施。這裡所指的兒童是指未滿18歲的少年。其特徵是用小規模的宿舍等方式，讓少年生活在有家庭氣氛的地方並接受教育。管轄單位為厚生勞動省。

累犯是可以避免的嗎？

有4成的犯罪者會再次犯下罪行

●即使是在假釋、保護管束下，仍會引發事件

2005年的奈良女童殺害事件、2006年的大阪監禁、傷害女性事件的犯人，皆是處於保護管束、抑或是曾接受保護管束的對象。使得保護管束制度的實施方式、防止累犯的困難等議題浮上檯面。

遭判監獄入監的受刑者有60％左右會在服滿刑期之前獲得「**假釋**」，暫時出獄。只是，在服滿刑期為止的期間，這些受刑者需接受**保護管束**，由國家的觀護人、民間的保護機關進行指導，必須在定期的面談之下過著「居住在一定的地點，從事正業」「保持善良行為」「不與可能犯罪、行為不良的對象來往」「搬家與長途旅行必須事先獲得執行保護管束者的同意」的生活。在這期間若是有違反規範之行為或是再次犯罪，將取消假釋。

被檢舉的犯人中是累犯者的機率為38.8％（2006年），此外在保護管束期間、出獄後再次犯罪的人也是層出不窮。

●為什麼再次犯罪？

持續再犯的**累犯者**中，最多的就是施耐德所提及的意志薄弱者，特別常看到的是竊盜的累犯。他們之中似乎有大多數都因為能再次回到缺少誘惑的監獄而感到心安。另外，會變成累犯的原因，還有出獄時的解放感以及因為擁有「**前科**」而難以尋得正職等因素。這種傾向在長期服刑的人身上尤其強烈。其他再犯率居高不下的還有濫用興奮劑及性犯罪者。

為防止受刑者再犯，政府檢討了各式各樣的矯正處遇，尤其是對性犯罪者，從2006年開始將導入以認知行為治療為基礎的性犯罪處遇專案計畫。

居高不下的再犯率（受到檢舉之一般刑犯為累犯的機率）

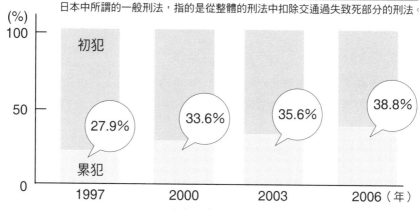

日本中所謂的一般刑法，指的是從整體的刑法中扣除交通過失致死部分的刑法。

出處‧《平成19年（西元2007年）版犯罪白皮書》

出獄後的問題

家庭與
交友關係

再次跟壞朋友往來或
是跟家人間的關係不
和睦，或許會使人自
暴自棄。

由更生保護會等
組織協助就業。

對假釋的犯人，在刑期結
束之前，必須要有執行保
護管束的觀護人或監護人
來監督、援助其生活。

就業的問題

由於擁有「前科」又
缺少社會經驗，因此
很難就業並獲得自
立。長期服刑的人常
常連住民票都沒有。

酒精、藥物、
賭博的誘惑

必須要克服充滿在生
活中的誘惑。

對因再犯而被視為問題的性犯罪者
實施性犯罪者處遇計畫（藉由以認
知行為治療法為基礎的團體治療，
讓犯人學習如何控制自己，如何對
他人抱持同理心）。

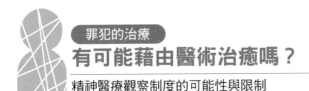

有可能藉由醫術治癒嗎？

精神醫療觀察制度的可能性與限制

●無罪判決的心神喪失者將強制入院治療

至今實行犯罪後因心神喪失而無罪釋放的精神病患，將脫離刑事上的司法程序，並依據精神保健福祉法而實施**強制入院**（6個月左右）。

但由於強制入院的制度並不完善，因此在2005年新導入**精神醫療觀察法**，「因心神喪失等狀態而犯下重大傷人行為（殺人、強盜、傷害、傷害致死、強姦、猥褻、放火）的人」（犯法的精神病患），必須在地方法院的法官與精神科醫師的合議下，在指定醫療機構進行一定期間的入院治療或定期到醫院接受治療。

●刑事政策與精神醫療之間的空白

可是，這項制度有著各式各樣的問題。原本，促成這項制度的契機，就是2001年的大阪教育大學附屬池田國小兒童殺傷事件。由於事件的犯人在之前犯下傷害事件時並未受到起訴，在短時間內就脫離強制入院的掌控，所以為防止觸法的精神病患再次犯案，才緊急規劃出這項制度。

因此，指定醫療機關的調整顯得有些緩慢。針對觸法之精神病患特別治療法也尚未完全確立。

患者應該改善至多大程度以及舒緩之後方能出院，又是否該繼續要求對方持續回診以及持續保護管束工作，都是難題，因此這些問題將在醫生、法官、保護觀察機關的復歸社會調整官等人協議商議後，才加以決定。

精神醫療觀察制度的治療流程以及課題

在心神喪失等的狀態下犯下傷人行為的人

在地方法院與精神科醫師討論之後，決定處遇（需要與否、是住院還是定期複診等）。

設施中的人才不足。估計全國應該需要700床的床位，但卻只能挪出200床使用（在2006年12月的時間點）。

入院

定期複診

指定入住醫療機關
（國立、公立病院等）
負責專門的入院治療以及出院後生活環境的調整。

特別治療法為何？
判斷出院時間的基準為何？

保護觀察機關
（復歸社會調整官）

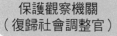

指定的複診醫療機關
（醫院、診所等）

更生　反省　改過向善

定期複診時，與地方社會的配合是否能順利？

身心障礙福利服務機構等

都道府縣以及市區町村
（日本各行政層級所設之精神保健福祉中心、衛生部等）

處遇結束
（原則上大約是3年時間）

集中 Key word
—— 死刑制度的未來發展

2007年12月，在執行死刑之後不久，才公開死刑犯的姓名以及執行地點。至今為止，有關死刑的一切原本採取的是絕對的保密主義，在以前甚至連有執行死刑的事實都不會被提及。

這原本是顧及會對死刑犯的家屬以及其他死刑犯所帶來的影響而採取的措施，但由於被害者的心情以及制度透明性愈來愈受到重視，因此才會做出必須公開的判斷。

原本根據刑事訴訟法，死刑應該要在判決確定之後的6個月之內執行。可是連被稱為例外、執行迅速的宅間守的死刑執行也花費了大約一年的時間，在執行死刑之前必須花費5年、10年的案例也並不少見。此外，近年判處死刑的案例與日俱增，導致被羈押於拘留所，等待處刑的死刑犯超過100人。

此外，執行時需要由法務大臣在「死刑執行命令書」上屬名，但有時大臣不願意執行，也有許多是在任期結束前才執行（據說是為了避免受到批判）。除裁判員制度的實施之外，希望今後各界能更深入地討論有關死刑資訊的公開、存廢等各種議題。

第6章

犯罪無法根除嗎？

～翻開犯罪研究的歷史～

犯罪心理學是一門什麼樣的學問？

探索犯罪者的內心，尋找犯罪的原因

●探究犯罪者及犯罪行為的內心

人為何會犯罪呢？犯罪者跟一般人之間又有什麼不同呢？要如何讓善良市民、社會重新接受他們呢？研究這些事情的就是「**犯罪心理學**」。

原本「犯罪學」就被分類成研究整體社會的「**犯罪社會學**」，以及從犯罪者個體展開研究的「**犯罪生物學**」。

在後者中，主要從生物學、身體構造方面進行研究的是「**犯罪人類學**」；而將焦點放在心理學這一方面上的是「**犯罪心理學**」，在這之中特別著重研究精神障礙與犯罪之間關係的則被分類為「**犯罪精神醫學**」。

●所有人都是犯罪心理學的研究對象

犯罪心理學困難的地方，在於其研究對象「犯罪者」並沒有心理學上的定義。「犯罪」為社會性、法律性的行為，就算精神處於危險狀態，但只要未被逮捕，那個人就不是犯罪者。

犯罪心理學除了想透過對犯罪者進行科學性的研究來減少犯罪，以及逮捕犯罪者這種實務上的目的外，也可說是想透過犯罪者來研究人類心中的異常性以及本性。

Key word •—— 魔女審判

在犯罪學確立之前，人們曾認為犯罪是「惡魔的行為」。尤其歐洲在13～17世紀為止，曾掀起「魔女審判」的狂潮，有許多男女被視為受到「惡魔附身」而遭受處決。這在研究人與犯罪之間的關係時，可說是極為重要的研究對象。

探究犯罪者之學問的主要脈絡

犯罪學
從各種觀點來研究犯罪。從觀點及研究方法的差異又分化出其他學問。

犯罪社會學
從社會的變動、經濟條件、文化糾葛、價值觀等面向來研究整體社會的犯罪性。

環境犯罪學

犯罪生物學
從生物學、心理學來研究犯罪者的個人、個性等面向。

犯罪精神醫學
研究精神障礙與犯罪之間的關係

司法精神醫學

法庭精神醫學

犯罪人類學
專注於犯罪者在（天生的）生理構造上的變異之研究。

犯罪心理學
從心理學來研究犯罪者。受佛洛伊德精神分析的影響。

只是，在分析、研究現實生活中的犯罪者時，必須從各種領域進行綜合性的觀察。

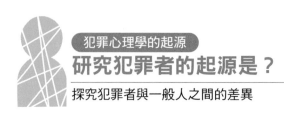

研究犯罪者的起源是？

探究犯罪者與一般人之間的差異

●龍布羅梭認為「犯罪者是天生的」

具科學精神的犯罪學是在19～20世紀初期，由活躍於義大利的精神醫師龍布羅梭所開啟的。他實際診察、調查許多的犯罪者，發現在犯罪者身上有很高的比率，能發現普通人所沒有的「**變異特徵**（生理上、心理上的特徵）」。

此外，他認為有許多犯罪者都是怪人，天生就具有必須變成犯罪者之宿命。此外，他認為犯罪者所表現出的特徵與原始人、野蠻人很類似，將其視為是「**返祖現象**」「**隔代遺傳**」的展現。因此龍布羅梭將其取名為「**天生犯罪人**」。

在龍布羅梭的時代，由於啟蒙主義占有優勢，因此他們喜好文明的進步與發達，並以未開化及退化為惡。他無意識地在樣本身上挖掘出自己對犯罪者所抱持的印象——被人類的進步所拋棄，野蠻、原始、猙獰的形象，並加以強調。

●成為犯罪生物學、犯罪人類學的起源

龍布羅梭的學說在之後受到犯罪社會學的強烈批判。

可是，以科學的角度進行研究的方法，發展成「犯罪人類學」以及「犯罪生物學」，又分歧為犯罪心理學以及犯罪精神醫學等學問，續存至今日。

尤其是伴隨近代醫學、檢查技術的進步，在能夠對犯罪者的身體特徵，尤其是腦部機能、結構進行精密的檢查之後，我們發現能從犯下重大罪行的犯罪者身上找到異常特徵。

何謂龍布羅梭所說的天生的犯罪性？

龍布羅梭的三項假說

1 犯罪者生來就擁有犯罪的宿命。

2 在會引發犯罪與不會引發犯罪的人之間，擁有明顯的區別（變異特徵）。

3 犯罪者因為「返祖現象」「隔代遺傳」而較接近野蠻人。

天生犯罪人的特徵

生理特徵

頭部太大或是太小、下巴往前突出、額頭窄小往後傾斜、五官不對稱、斜視、三白眼、尖耳、耳朵會動、左撇子等等。

心理特徵

個性衝動、自我中心、傲慢又虛榮、欠缺道德情感、常講特殊、獨特的話語以及黑話（造語症＝neologism）、感覺遲鈍等等。

龍布羅梭的假說在這之後雖然受到批判，但其方法論則被新龍布羅梭學說所繼承。

何謂各種犯罪者的分類方式？

從生物學上的分類到心理學、社會學上的分類。

●造成犯罪行為的要因為遺傳？體型？個性？

以龍布羅梭為首的犯罪生物學，在之後做出諸多嘗試，試圖以遺傳學、身體類型學、生理學等知識針對犯罪者加以說明。

在遺傳學上，從犯罪性之遺傳觀點，對犯罪者的家系以及雙胞胎進行研究。身體類型學、生理學將人類的性格加以分類，為每種性格歸類出容易犯下的罪；而顯示性格與特定的體型連結可能性的「犯罪—性格—體型」類型學也因此誕生。

德國的克雷奇默（Ernst Kretschmer）將人類個性與體型的關係分類為①分裂氣質（削瘦型）、②循環氣質（肥胖型）、③黏著氣質（肌肉型）等三種類別。此外，美國的謝爾登（William Sheldon）將個性與體型分為內胚型、中胚型與外胚型三個類型。

奧地利犯罪學家謝利其（Ernst Seelig）將犯罪行動的模式，以及與其相對的性格傾向加以結合，藉此將犯罪者加以分類。克雷奇默的身體類型學是以一般人為對象加以分類，並將之應用在犯罪者的分析上。而謝利其則是直接將犯罪者分為8種類型。

●從犯罪者分類論發展成犯罪剖繪

諸如此類的犯罪者的分類論，都因為會將人多采多姿的個性分類至有限的類型框架中，因而有容易忽視罪犯個性上的要素，以及難以用來分析處於兩種類型之間的人與擁有多種類型特質的人等問題點存在。

可是在實務上，將罪犯分類是極為有效的作法。這作法也會運用在搜查犯罪時所作的犯罪剖繪（參照第154頁）之中。

克雷奇默的三種分類

分裂氣質

缺乏社交性、神經質、容易
亢奮、給人冷淡印象等。

循環氣質（躁鬱氣質）

社交性高、活潑開朗（躁狀
態）、另一方面也既文靜又
消極（鬱狀態）。

黏著氣質

對事物相當執著、做事仔細謹
慎、注重義理人情、慎重、感
情容易激動。

謝利其所分類之犯罪者類型

① 厭惡勞動的職業犯罪者

因厭惡工作而以犯罪維生。例如竊盜
犯、詐欺犯等。

② 因抵抗力薄弱而
成為財產犯。

意志薄弱，無法抗拒誘惑及壓力而成為
財產犯等犯罪的累犯。

③ 具攻擊性的暴力犯罪者。

有習慣性的暴力傾向，容易因小事就訴
諸暴力。

④ 缺乏對性方面
自制力的性犯罪者

對性方面的自制力薄弱而引發性犯罪。
例如強姦犯等。

⑤ 危機犯罪者

當陷入內心糾結的狀況時，只想得出用
犯罪這種方法來逃避。

⑥ 原始反應犯罪者

由於情緒容易亢奮，受到刺激時容易做
出缺乏思慮的反應，犯下縱火等罪行。

⑦ 確信犯

相信自己有必須犯罪的義務而犯罪。政
治犯、思想犯、宗教狂熱者。

⑧ 缺乏適應社會之
訓練所造成的犯罪

由於缺乏適應社會的能力，因而違反社
會規範的犯罪者。

智能與犯罪被放在一起討論的原因？

不言及社會環境，就無法討論智能障礙者的犯罪

●戈達德提出「犯罪者在智能上有缺陷」

有關智能與犯罪的關係，自古就被視為問題。1914年，美國學者戈達德（Goddard）在未成年犯罪者的設施中進行智力測驗，提出平均有65％的收容者患有心智遲緩症狀的報告，認為犯罪者都是在智能上有缺陷的人。他認為過低的智能容易造成對社會的不適應，也難以辨別善惡，因此很容易引發犯罪。

可是，當後來開發出的許多智力測驗，並針對眾多的非行青少年以及犯罪者進行智能檢查之後，戈達德的觀點便令人無法完全認同。另外直到近年，也有報告指出智能障礙者在犯罪者中所占的比例日漸降低，非行青少年跟一般青少年在智能上並無顯著性差異。

●智能障礙並不會直接地造成犯罪

在智力測驗中，IQ（智商）低於70的被稱為心智遲緩或是智能障礙。過去會有報告指出犯罪者中智能障礙者所占之比例偏高，是因為智力測驗不完善、樣本的偏頗以及智能障礙者容易遭到逮捕（其中包括冤獄）等因素，尤其是特殊教育與社會福利制度的不完善，恐怕才是造成這種狀況主因。這一點從這半世紀中該比例劇烈減少來看，就是最好的證據。

智能障礙者容易引起的犯罪是縱火、竊盜等單純的財產犯罪。另外，也有人指出智能與犯罪的關係並不應該著重於智能高低、IQ來判斷，而是該著重於智能的質之上。也就是說比起語言性智能指數，犯罪者的動作性智能指數較高，此外他們在邏輯、抽象上的能力較差，對具體的事物表現出較為濃厚的興趣等現象。

「智能與犯罪」之研究所扮演的角色以及焦點

測量智力的方法

智力年齡測驗

根據測驗來測定受試者的智力商數（IQ）。要測量成人的IQ，必須要將實際年齡列入考量。

智力標準分數檢查

將標準分數50視為平均智能，測定受試者在同世代中的智能水準。在智力測驗中IQ100為平均數值。

能早期察覺智能障礙。可幫助判斷如何決定非行青少年以及犯罪者的處遇。

在鑑定中被認定為是精神耗弱，就能獲得減刑。會被送到醫療監獄或是醫療少年觀護所，接受特別教育。

智能與犯罪被放在一起談論的理由

「有許多智能低下的人無法適應社會，因此容易犯罪」之先入為主的觀念。

Key word —— IQ（Intelligence Quotient，智力商數）

　　這是在進行智力測驗之後能獲得的數據之一。先計算出智能年齡（與幾歲的人之平均年齡一樣），再除以生活年齡（實際年齡）之後再乘以100而得。在現代，多採用由WAIS-III等廣泛地採用將所得的結果調查出一定年齡層的智能分布，再加以計算平均與標準分數，將平均智力定為IQ＝100來計算，將IQ未滿70的人視為智能障礙這項方法。

性格偏頗的人易成為罪犯？

竊盜犯為意志薄弱的人，暴力犯則是脾氣暴躁的人居多？

●有什麼個性是容易成為罪犯的嗎？

個性極端偏頗的人經常被稱為性格異常。可是這個詞中並不含有「善」「惡」的價值觀。擁有有用且貴重資質的人也包含於這個詞之中。

在這些性格異常的人當中，德國的精神科醫生施耐德將「為自己的異常而感到煩惱，或是使社會為該人的異常感到困惑的人」定義為「**精神病質者**」。他將精神病質者分為10種類型。此外，施耐德認為精神病質（性格異常）是自正常的乖離（變異），與精神病之間擁有確切的區隔。只是，也有人認為精神病質者為正常與精神病之間的中間狀態（克雷奇默等）。

在現代，DSM（參照第202頁）所使用的「**人格障礙**」一詞已經取代精神病質，被大幅應用在該分類上。可是由於施耐德的分類類型既容易理解也容易使用，因此現在也一併使用在分析上。

●令他人感到困惑的6種類型

精神病質中有「**自尋煩惱**」以及「**令社會（他人）感到困惑**」的兩種類型。右頁的10種類型中，從❶意志薄弱者到❻狂信者為止的6種類型為令他人感到困惑的類型，被認為是容易引發犯罪的類型。

雖說如此，以自尋煩惱為主的❼～❿的分類有時也會演變為犯罪的原因。此外有許多犯罪者，都兼具其中多種類型的特質。

性格異常的10種類型（施耐德）

❶ 意志薄弱型
犯罪者中占最多數的類型。缺乏耐心、自發
性、主動性為其特徵。容易受到環境的影響。

❷ 發揚型（輕躁型）
雖然活潑、充滿動力，但卻輕率、容易激動。

❸ 自我顯示型
虛榮、善說謊、喜歡引人注目。也有人會將
現實與幻想搞混。

❹ 爆發型
會為一些小事而發怒，施展暴力。此外，這
種人也容易讓累積的不滿在瞬間爆發出來。

❺ 無情的病態性格型
缺少同情心、羞恥心、良心等人類情感。對
自己以及他人的痛苦與命運毫不關心。

❻ 狂信型
為某種信念賭上自己的一切而戰。

主要是造成他人因自己的異常而困惑 ＋

❼ 情緒易變型
常陷入不高興、憂鬱、焦躁等情緒。

❽ 缺乏自信型
膽小、內向、敏感、自我意識過剩、容易在
意他人。

❾ 抑鬱型
天生的悲觀、厭世、鬱悶。

❿ 無力型
神經質，常想向人傾訴身體的症狀跟精神上
的煩惱。

主要是自己為自己的異常而煩惱 ＋

小林　薰
── 奈良女童殺害事件（2004）

戀童癖、虐待狂、幼稚的自我顯示欲望讓他襲向擦身而過的女童。

●用手機誇示自己的犯行

2004年11月的某天晚上，奈良市內的7歲女童的母親在手機上接到「妳的女兒我要了」的郵件。

這是由女童所持有，附有GPS功能的手機所發出的郵件，裡面還附有女童遺體的照片。隔天凌晨12點5分，從距離被害者家中約7公里的路旁水溝中發現該女童的屍體。死因為被關在浴缸之類的地方所引起的溺斃，身上有多處擦傷，牙齒也掉了幾顆。

但警察的搜查毫無進展，過了1個月之後，在12月中，母親的手機再次接到利用被害者的手機傳來「下次我要帶走妹妹。」的郵件。根據通信記錄，警方鎖定住在近郊住宅區的某位男子，於12月30日搜索住宅時搜出女童的書包以及手機，逮捕了送報員小林薰（當時36歲）。

●性慾倒錯、自我顯示欲以及孤獨

小林就讀當地國小、國中之後進入私立高中，畢業後雖在居酒屋等地方就職，但卻無法長久，最後在各送報業者之間四處尋找工作。有情報指出他從國小開始就是欺善怕惡的人。

小林擁有許多對幼兒進行性犯罪的前例。在他15歲的時候，他曾因為強行抱住小女孩而接受輔導，之後犯下8件強制猥褻案件，甚至曾在想猥褻5歲女童時因女童的哭鬧而掐住女童脖子，因殺人未遂服刑。

在精神醫學上，可將他視為擁有戀童癖、性虐待狂、淫樂殺人、戀屍癖、戀物癖等混合性癖的異常精神狀況。他精神上的另一個特徵，就是擁有不成熟的自我顯示欲。他特地將遺體的照片用郵件送出，並有如深怕因為搜查毫無進展，而使世人遺忘他似地，暗示自己

為滿足自己扭曲的欲望，而對年幼的柔弱孩童出手的性犯罪者絕不可原諒。

即將再度犯案。他還在自己常去的酒吧公開女童遺體的照片給他人看。

在第一次公開審判時，他曾說：「我想早點被判處死刑，以宮崎勤或是宅間守第二留名世間。」

在這起事件中，令性犯罪者更生的困難度受到世間的注目，是否應該仿照美國的梅根法案，將性犯罪者的行蹤以及情報加以公開之類的要求及意見，也在一時之間受到熱烈的討論。

佛洛伊德的精神分析法？

從人所累積的體驗來讀出人心

●人的行動受到潛意識很大的影響

由奧地利醫生佛洛伊德所創的精神分析理論不光是在心理學、精神醫學上，也對20世紀的人文科學、藝術帶來了巨大的影響。精神分析學研究人心，將人心視為「會成長、發展的一個歷史性的存在」，以及人心由個體（我）與環境之間的交互作用所產生的。其核心就是認為人類的心理與行動受到「**潛意識**」巨大影響的動態潛意識論。

意識跟潛意識都有著人類自出生以來所經歷的歷史，受到過去體驗的規範。所以佛洛伊德認為人的性格傾向跟精神狀態，都能追溯至幼兒期的體驗。這個思考模式認為，犯罪行動與犯罪者的心理，必須透過出生以來所累積之體驗來理解，這項作法也同樣運用在犯罪心理學上。

●在成長為成人之前，必須通過5個階段

佛洛伊德將人在成長為成人為止的心理——性心理發展期分為①**口腔期**、②**肛門期**、③**性器期**、④**潛伏期**、⑤**生殖期**等五個階段。尤其是他特別注意幼兒期中的性器期（伊底帕斯期），認為此時正是父母與孩子之間三者關係的體驗，塑造出該人的心理、行動的原型。

嬰幼兒期時的體驗，帶給人的意識、潛意識極大的影響，這項看法現在已經廣受世間認同。可是，認為人的心理以及所有行動都是因為嬰幼兒期時的體驗——例如將心理異常以及犯罪行為全都歸咎於幼兒期所受到的心靈創傷的這種想法，還是太過單純。

佛洛伊德將成長為成人的過程分為5個階段。

① 口腔期（出生～1歲）

從口腔接受母親（外界）所給予的東西。得到對世界的基本信賴。
若這個體驗無法滿足，將對這世界抱持「基本的不信賴感」（母愛剝奪）。

② 肛門期（2～3歲）

學會控制排便以及自律。
若是對排泄的管教太過嚴格或是太過放縱，將讓人有各式各樣的強迫症狀。

③ 性器期（4～5歲）

開始對自己性器感到興趣。若是男生則會眷戀母親，並對父親燃起強烈的對抗心（伊底帕斯情結）。女生則相反。當這種情節解除後，男孩會更像男人，而女孩會更像女人。
若是無法順利排解，則會抱持強烈的罪惡感，在成人後患上神經症等症狀。

④ 潛伏期（6～12歲）

較為安定的時期。
學習社會規範。

⑤ 生殖期（青年期以後）

性心理發展的最終階段。
對自己為何人之自我認同感到煩惱。
指青春期以後的階段。

從分析心理結構看罪犯的內心世界？

「超我」太過膨脹會相當危險

●人心由三個構造構成

在精神分析學中，將心視為由3種結構構成的產物。首先是順從本能的衝動以及欲望而動的「**本我**」（Id）、協調本我與外界的「**自我**」（Ego），還有將父親的形象與規範、社會倫理內化而成的**超我**（＝良心，Superego）。其中性慾、食慾、攻擊衝動等本能都存在於本我的潛意識中，並由超我來控制。自我立於本我與超我之間，擔任調節雙方的角色。這便是內心的結構，人在這三部分的平衡下過著每一天的生活。

超我跟自我不發達的人，會因本我而順從本能的欲望生活。佛洛伊德所說「兒童是作為犯罪者出生的。」就是這個意思。

●犯罪者的類型根據3者組成的形狀，也會有所不同。

可依據本我、自我、超我的結構來將慣犯分為4種類型[1]。
①神經症的犯罪者…超我肥大、自我萎縮、擁有強烈的罪惡感，為懲罰自己而犯罪。
②擁有犯罪之超我的犯罪者…由於小時教育跟管教的結果而認同犯罪者的規範的人們。例如不道德的家庭、犯罪家族的子弟等。
③精神病的犯罪者…因精神病而喪失本我、自我、超我之間的界線。
④犯罪的行為不良者…缺乏超我、本我肥大。欠缺控制、隨著本能的衝動行事，無法融入社會的人（衝動的性格）。

---

1. ①〜③為亞歷山大與史塔普所提出

超我、自我、本我

在精神分析中，將內心分為3部分。

超我	良心。將雙親的規範內化的部分。
自我	順從現實的原則。合理化、組織化的部分。
本我	本能衝動、受到壓抑的部分被壓抑在此。

正常

3個部分取得平衡的狀態

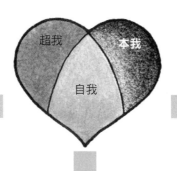

犯罪的行為不良者

超我跟自我的連結較弱。本我過於巨大。個性衝動。

神經症的犯罪者

超我太過巨大

超我與內心分離或是欠缺。

精神病的犯罪者

喪失各部分之間的界線。

喪失自我的界線

從犯罪經歷可以看出累犯的類型？

從犯罪生活曲線能夠知曉累犯者的犯罪行為和性格特徵

●將犯罪者的經歷數據化、曲線化

率先觀察犯罪者，特別是累犯者（反覆犯罪的人），並將其特徵分類的研究者，是日本的精神醫學家**吉益脩夫**。他使用一種名為「**犯罪生活曲線**」的行動科學方法，將犯罪者分類為下列幾種。

首先，是根據犯罪者初次犯罪的年齡，分成早發犯（25歲以下）與遲發犯（25歲以上）；接著從犯罪經歷來看，根據犯罪者於出獄後到再次犯罪分為：2年以下（持續型）、2～5年（弛張型）、間隔超過5年以上（間歇型）和自出獄後不再犯罪者（停止型）。同時，從犯罪的方向，分成單一方向（如單犯多次竊盜罪等）、同種方向（犯屬於財產犯等相同種類的犯罪群）、異種方向（犯財產犯與暴力犯等涉及2種犯罪類型者）與多種方向（犯罪涉及3種以上的犯罪類型者）。

將這些資料統合，沿著時間軸畫成的曲線，就是犯罪生活曲線。根據此犯罪生活曲線，可以提供犯罪者的特徵以及其他豐富的資訊。

●從曲線看犯罪者的性格

犯罪生活曲線在分類犯罪行動的同時，也顯現了犯罪者的多種性格樣貌。例如「早發－持續／間歇－單一方向」的累犯者，幾乎可以確定他是一名意志薄弱的竊盜累犯；而「早發－持續－多種方向」的累犯者，則具有意志薄弱、無情的病態性格和暴力性格，大多都是具有竊盜、強姦、暴力等前科的犯罪者。

這顯示了在累犯者身上性格等本質所占犯罪因素的比例大小。因此，藉由分析犯罪生活曲線，對於刑事政策方面來說相當重要的累犯者研究，也往前進了一大步。

分析累犯的類型

利用A+B+C的組合
將犯罪者分類

 首次犯罪的年齡

早發（25歲以下）
遲發（25歲以上）

+

 從犯罪經歷分類

①持續型（犯罪者於出獄
　後，到下次犯案間隔2年
　以下）
②弛張型（間隔為2年到5
　年之間）
③間歇型（超過5年以上）
④停止型

+

 從犯罪的方向分類

①單一方向（單犯多次竊盜案
　等同一罪種）
②同種方向（財產犯等相同種
　類的犯罪群）
③異種方向（跨足2種犯罪
　群）
④多種方向（3種以上）

〔例1〕早發－持續型－單一方向

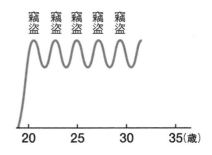

〔例2〕遲發－停止型－單一方向

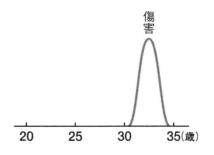

〔例3〕遲發－持續／間歇型－多種方向

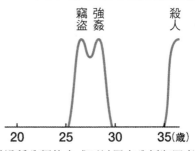

從這種分類的方式可以用來分析犯罪者的
性格。例如例1的犯罪者應該是意志薄弱
型的人格障礙者。

分類精神障礙的DSM是什麼？

起源於美國的精神障礙分類。有可能成為世界統一標準嗎？

●以統一精神障礙的病名和診斷基準為目標

「DSM」是美國精神醫學會編輯的《精神障礙的診斷與統計手冊》，一般會像DSM-IV一樣，加上版數（第4版）來使用。

原本在診斷精神障礙的實務上，極大部分需仰賴醫生的個人經驗和知識。此外，隨著國家和學派的不同，有關精神障礙的病名、定義和診斷基準也有所不同，變成資訊交流上的一大障礙。因此，為解除因這樣的不一致而導致的弊端，美國設計了這套DSM。例如，人格障礙症的分類可參考右頁。

●隨著DSM不斷改訂，病名也會跟著改變

每個國家或醫院，會根據醫師個人的情況使用的是DSM和ICD，並合併使用各種傳統的診斷以及精神分析式的診斷法。但是現在，DSM已經相當受到歡迎，可以說一旦沒有它就無法論及精神醫學了。

同時，DSM隨時都在更新。隨著DSM不斷改訂，醫師診斷的病狀名稱也會跟著改變，當然也有增加和刪除的內容。另外還有一點很重要的是，DSM的存在意義並不是只在於為了評斷犯罪者的責任能力等關乎精神狀況的層面而已。

Key word —— ICD-10

由WHO（世界衛生組織）所制訂的有關身體、精神所有的病名診斷基準「國際疾病分類基準」（數字10代表第10版之意）。雖然制訂DSM和ICD的團體積極的在進行資訊交流，但是病名不一定會相同。

DSM-IV當中人格障礙症的分類

❶ 古怪自閉的、容易陷入妄想、
自我封閉（A群）

妄想型人格障礙
沒有原因就不信任他人、懷疑他人。

精神分裂型人格障礙
游移在社會關係之外，難以和他人維持人際關係。

失調型人格障礙
多疑、對事情的理解方式和思考方式有時非常奇特，
會作出難以理解的行為。

❷ 感情波動激烈，演技派、情緒化。
抗壓力低，容易牽連別人。（B群）

反社會型人格障礙
無視並侵害他人的權力。

邊緣型人格障礙
人際關係、自我印象、情感不穩定，衝動。

戲劇型人格障礙
過度情緒化、經常期望引人注意。

自戀型人格障礙
誇大的幻想和行動模式、期望被讚賞、欠缺同情心。

❸ 經常性的感到不安、恐懼。太過在意他人
對自己的看法因此容易有壓力。（C群）

逃避型人格障礙
對於他人的拒絕和否定非常敏感，容易封閉自我。

依賴型人格障礙
過度希望受到別人照顧。

強迫型人格障礙
堅持各種秩序和完美，因而容易犧牲彈性和效率。

一般人會成為罪犯的理由？

社會結構創造罪犯

●犯罪社會學隨著都市化而誕生、發展

第二次世界大戰後，在都市化急速發展的美國，由於地區與社會階級的差異，造成犯罪的發生率和犯罪型態也各有不同，成了眾所注目的焦點。於是，自此之後，從社會結構探討犯罪型態的**犯罪社會學**便開始有了大幅度的發展。

1950年代，莫頓（Merton）發展了所謂的**失範理論**。莫頓認為現代社會的人們追求的目標強調「經濟成功」，但是由於並不是所有的人都能夠利用合法手段，獲得財富和成功，因此無法達成目標的人就會陷入失範的緊張狀態。於是，就會產生了一些人想利用犯罪來達成目標。

●對主流價值觀帶有敵意

1960年代柯恩（Cohen）提出了**非行的次文化理論**。一般來說，對於社會主流的集團或文化中，都會產生一些少數集團抱持著與其對抗的行動模式或價值觀，我們稱這種少數集團的文化為次文化（形成的條件包含人種、經濟條件、信念、地區及年齡等）。

在次文化當中，下層階級和貧民窟之類的集團，是一群被社會名譽、經濟成功的道路阻擋在外的群眾（或者說有這種感覺）。他們經常感覺到與社會隔絕，因而對社會主流的價值觀懷有敵意，於是他們就會想要表現出一些與主流相反的價值觀以及行動，這就是非行的次文化。而這個**非行的次文化**，就成了各種犯罪的溫床。

從「失範」狀態衍生而出的犯罪者（莫頓）

何謂「失範」 「與社會大眾的共同目標、以及為了達成共同目標所必須的合法手段之間產生的不協調聲浪」

從面對社會的目標與手段的態度，可看出會走向犯罪的人

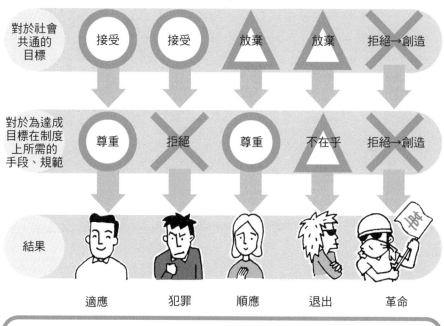

對於社會共通的目標	接受	接受	放棄	放棄	拒絕→創造
對於為達成目標在制度上所需的手段、規範	尊重	拒絕	尊重	不在乎	拒絕→創造
結果	適應	犯罪	順應	退出	革命

何謂非行的次文化（柯恩）

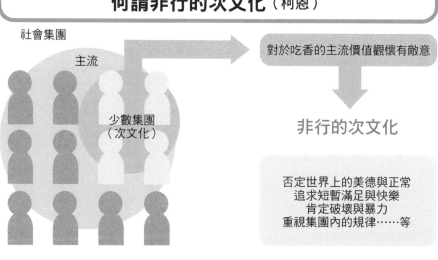

社會集團

主流

少數集團（次文化）

對於吃香的主流價值觀懷有敵意

非行的次文化

否定世界上的美德與正常
追求短暫滿足與快樂
肯定破壞與暴力
重視集團內的規律……等

犯罪行為會因為被模仿而逐漸擴散？

人經由學習學會犯罪

●「犯法才有利」

在大都市當中的貧民街之類的地區，儘管人口流動率很高，但是犯罪率仍然很高，於是引導出「犯罪行動因模仿而習得」的想法。美國的學者蘇哲蘭（Edwin Sutherland）與克雷西（Cressey）認為，「與其守法，不如犯法來的有利」這樣的犯罪價值觀，是與非行的次文化的互動中學習得到的（**接觸差異理論**）。也就是說，在與團體的溝通互動之中，能夠學習到犯罪技術和動機等。

不過，不是所有與非行的次文化接觸的人都會成為犯罪者。美國的學者葛拉瑟（Glaser）提出，人會因為認同自己所崇拜的犯罪者而想要成為犯罪者（**差異認同理論**）。而且人們崇拜的對象不局限於身邊實際存在的人物，也有可能是虛構的人物。但是這種認同的情感，到底是為什麼，又是如何產生的？目前仍沒有解答。

●在犯罪社會學當中看不到犯罪者個人的影像

犯罪社會學對於歷來的生物學、心理學的理論的「反對」傾向強烈，甚至可以說它還有特別想要強調被生物學、心理學忽略的部分的傾向。

此外，犯罪社會學的各個理論，與其說是針對所有的犯罪、非行來論述的一般理論，不如說它主要比較像是針對集團性的少年非行，或組織性的犯罪發展而成的理論。也就是說，因為這些理論將一部分的犯罪非行現象的特徵提出加以理論化，因此容易過度單純化，演變成經常有很多例外出現的結果。

近墨者黑

非行的次文化（犯罪集團）

與集團接觸

學到犯罪技術、增添犯罪動機、將犯罪行動合理化等。

犯罪

要與自己崇拜的犯罪者同化的心情

為什麼會產生「想要變得和他一樣」的心情，而這種心情又是如何產生的目前仍不得而知。

●這個理論無法說明從一般家庭、社會環境當中產生的犯罪者，以及偶發、臨時起意型的犯罪。

因為被貼上標籤，所以就成為犯罪者？

因為被別人說是「罪犯」所以犯罪

●「反正我就是罪犯啦……」的惡性循環

當我們把「非行少年」或「罪犯」的標籤，貼在那些做出非行或犯罪（脫離規範）行為的人身上，用不一樣的態度對待他們時，就是對他們貼「標籤」的行為。

即使最初的犯罪或非行只是因為鬼迷心竅才犯下的錯誤，或只是偶然不小心犯下的罪行，周圍還是會有很多人給予白眼，甚至是疏離。於是這些人就會自己建立起「自己已經不算社會當中正常的構成分子」的負面自我認知，造成他們只能繼續重複非行和犯罪的結果。也就是說，根據標籤理論，這些原本只是初犯的人就會陷入初次犯罪（脫離規範）→被貼上標籤→二次犯罪→慣性犯罪的惡性循環當中。

●先有標籤

同上所述，這個強調標籤的過程、認為非行和犯罪就是標籤造成的結果的想法，就是所謂的「**標籤理論**」。美國的學者坦南鮑姆（Tanenbaum）認為，在社會或一定的體制下所進行的定罪、隔離、進收容所、社會地位下降、治療、矯正等的行為，都會成為「烙印」。也就是說，社會的制度本身才是製造犯罪的源頭。此外，李馬特（Lemert）認為，那些已經被貼上標籤的犯罪者，甚至是把犯罪者這樣的一個角色當作自我的核心概念，重新發展自我。

或許第一次看到標籤理論會以為這個理論似乎把原因和結果倒錯了，但我們的確可以合理的分析「非行→管制→非行」這樣的惡性循環。只不過日本和美國不同，日本並沒有明確符合非行的次文化團體，所以或許比較難以理解。此外，這個理論也遭到批評，認為忽視了犯罪者本身的本質等。

主動配合周遭的眼光

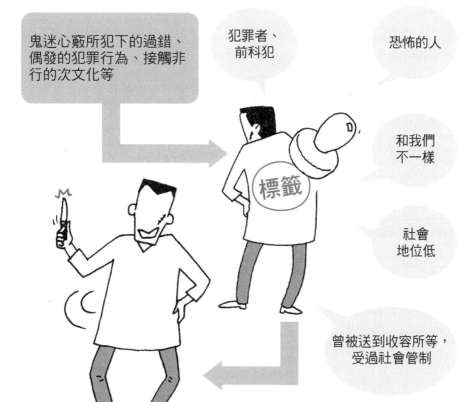

鬼迷心竅所犯下的過錯、偶發的犯罪行為、接觸非行的次文化等

犯罪者、前科犯

恐怖的人

和我們不一樣

社會地位低

曾被送到收容所等，受過社會管制

自己接受這樣的標籤，反覆犯罪。

Key word — 漂流者（Drifters）

　　在非行漂流理論當中，認為非行的次文化其實是青少年在接受並學習成人社會的價值觀和規範之前的一個過渡性的「場所」（Matza）。非行所代表的是如通過儀式一般，在合法與違法之間漂流的行為，因此如果在這個時期對他們貼標籤，很可能會有讓他們變成真正的犯罪者的危險性。

何謂防範犯罪於未然的研究？

只要這個世界變美好，犯罪就會消失？

●應該從引起犯罪的環境開始改正

1980年代，美國犯罪率急增，他們開始認為光靠強化警察和司法並無法減少犯罪的發生，於是為讓犯罪防範於未然，**犯罪預防論**開始受到矚目。而犯罪預防論的實踐理論，就是**環境犯罪學**。此理論並非著重在每個犯罪者個人身上，而著眼於誘發犯罪的外部因素（行為環境），期望從重新組織環境讓犯罪防範於未然。

因此，這個理論其實是以「**只要有機會人人都可能犯罪**」為前提（人性本惡）建立而成的。

●把犯罪「轉移」到其他地區？

環境犯罪學以驚人的速度發展，於是日本也出現了採用這個想法的防範活動。

另一方面，對於這個理論，也出現了非常多的批判聲浪。環境犯罪學所追求的目標，也就是改善環境的方法。但這只是表面上的作為而已，卻忽視造成犯罪的真正原因——社會的不公義（貧困、失業、歧視），因此被批評這個理論無法解決根本上的問題。甚至還有的批評表示，如果繼續推動為了防範犯罪而做的環境設計，最終社會會變得「要塞化」，導致人們被迫過著不自由且不融洽的生活。

此外，即使有某個地區在預防犯罪上有成功的成果，也有人提出質疑，原本那些潛在的危險分子是不是會轉往其他地區？正因為這個方式並非斷絕了犯罪的源頭，因此的確有可能「**轉移**」到別的地區、或是經過了一段時間之後再次發生。

生活型態的變化誘使犯罪增加（Marcus Felson，費爾遜）

青少年人口增加		潛在性的犯罪者增加	
小型化家電普及		合適的犯罪目標增加	
雙薪家庭增加		白天的時間家裡缺少人顧家	犯罪率增高

為了降低犯罪機會

靈活運用鑰匙和保險箱，安裝防盜攝影機

出入口管理（使用ID卡檢查等）

店內盡量不放置多餘現金

腳踏車防盜登錄

限制與犯罪相關道具之取得方式

警報器、保全、設置街燈

警察巡邏

公司訂定內部防犯規則

被害人所遭受的二度傷害是什麼？

從犯罪研究中失落的「被害人」

●任何犯罪都有加害人與被害人

當發生犯罪案件後，一定都會有加害人和被害人。但是被害人總是容易被忽略，於是因應而生的就是「被害者學」，被害者學研究的是「為什麼會受到這種傷害？」「要如何預防受害？」以及「應該如何幫助被害人？」。

其中有一項與被害人相關的問題是「二次傷害」，也就是在偵訊和審判過程當中再次受到刺激、被周圍大眾無心的目光傷害以及因為媒體導致個人隱私曝光等。甚至也有些被害人在事件之後精神的痛苦仍無法平復，最後人生因而走調。因此，對於被害人精神上的治療、經濟上的支援等，要如何實際援助被害人，就是現在的被害者學最重要的課題。

●實施中的各種處遇方式

目前，在警察、大學和研究所當中，實施了各種各樣的處遇方式。例如，為了減輕偵訊時被害人的精神負擔，有關性犯罪的偵查是由女警負責；同時，為了平復被害人的心靈創傷，也設立了輔導和諮詢窗口。

Key word •── 修復式司法（Restorative Justice）

現在，我們正在嘗試著從被害人、加害人與社會這三者之間的關係當中，摸索出這三者各自的更生、回復和修復的「修復式司法」系統。例如，加害人與被害人共聚一堂，讓加害人說明犯案動機、對被害人與其家屬致歉、或者是溝通賠償事宜等。

不能遺忘被害人

被害者學的發展

從「被害者」的角度
看犯罪。

●被害人之有責性

雖然在過路魔殺人事件當中的被害人沒有責任，但是如果是被自己執意霸凌的對象殺害的被害人，便具有有責性。

**說不定會遭
被害人反擊**

研究重點似乎在
救濟被害人上

●第二次、第三次被害者化

被害人容易被忽略的心靈創傷受到了矚目。同時，也找到了防止犯罪的新觀點。

目前正在進行的行動和研究

● PTSD等有關被害人心理狀態的研究
● 適當地提供搜查情況等資訊給被害人
● 備妥諮詢、輔導體制
● 經濟支援、賠償（犯罪被害補償制度）
● 社會對於被害者的理解……等

我們期待犯罪心理學能夠扮演什麼角色？

朝向實踐科學證據之路

●藉由性荷爾蒙或腦波分析犯罪者

近年來由於生物化學與神經生理學的進步，有助於犯罪心理學展開了新的研究視角。

以生物化學方面來講，男性荷爾蒙・雄性激素（Androgens）被指出與攻擊性、衝動性有關，因此為防範暴力犯、性犯罪者再犯，使用抗男性荷爾蒙藥劑的方式已經獲得證實，的確能夠有效控制再犯。此外，近年來利用CT、MRI、PET（正子斷層造影）的觀察，讓犯罪者的腦部型態和機能已逐漸明朗。

●不論如何，犯罪心理學並不容易

從殺人、竊盜等「自然犯罪」；藥物犯罪和賣春等「沒有被害人的犯罪」；業務上的過失致死（傷）到違反道路交通管制條例等過失犯罪，犯罪的類型原本就非常多樣。因此，只從各自獨立的犯罪類型研究開始，想要找出一個普遍通用的法則當然是不可能的。

於是，犯罪心理學的將來目標，應該是以建立起像醫學及生物學等研究領域一樣進步的新學問，也就是「**以科學證據為基礎的犯罪學（EBC）**」為目標至為重要。此一研究並非學者任意地在自己的腦內設計好一套理論，也並非簡單的一隻鉛筆、一張紙就可以進行的調查研究，而是一門必須將實際上在科學證明中得到的「事實」加以系統化的研究。

經由這樣的研究，我們得以了解事實的真相，等到能夠訂立防止犯罪對策、治療／矯正犯罪者的時代來臨，一定會產生另一種完全不同型態的犯罪學吧！對於犯罪學來說，目前這個時代可以說還只是曙光乍現的過渡時期而已。

為治療、矯正犯罪者……

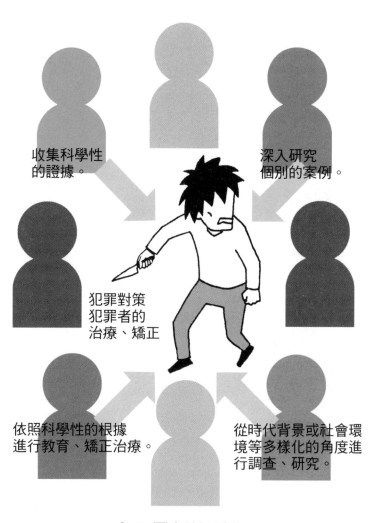

收集科學性
的證據。

深入研究
個別的案例。

犯罪對策
犯罪者的
治療、矯正

依照科學性的根據
進行教育、矯正治療。

從時代背景或社會環
境等多樣化的角度進
行調查、研究。

應用最新的科學，
從各方面尋求方法。

●人類的記憶力是模糊的

在進行犯罪偵查時，「目擊者的證詞」固然重要，但是經常有可信度上的問題。人類的記憶力並不像錄影機一樣，能夠將映入眼簾的影像過目不忘，根據當時的狀況、興奮度、壓力等條件，而造成記憶力只有記住特定的情況或記憶扭曲。同時，記憶力也會隨著時間產生變化。

此外，目擊者在提供犯人的年齡等資訊時，如果犯人的外觀看起來和自己的年齡相仿，預測的年齡會相對正確，但是年紀差異愈大預測愈不準確，會隨著目擊者本身的屬性產生變動。

●喚醒正確記憶的技巧

檢察官訊問的方式是很重要的。例如，若檢察官提出的問題全都是可以用「對」或「錯」回答，目擊者需要重新回憶的機率比較少，可以得到的答案也會被侷限在檢察官想定的範圍裡，而且也可能會有誘導回答之嫌。因此訊問時應盡可能讓目擊者放鬆，想辦法讓他們能自在地回想。

需要小朋友的證詞時，必須更加慎重。因為小孩回答的狀況與其年齡和發展程度有關，有的孩子會因為被大人質問而感到緊張，也比較容易順著大人講的話走。有人說小孩的證詞不能相信，但這只是沒有根據的說法，只要準備周到，一定能引導出足以信賴的證詞。

記憶

216

──如何戳破罪犯的謊言

●測謊機不是「謊言偵測機」

為了戳破嫌犯的謊言，有時我們會使用測謊機，雖然它被俗稱為「謊言偵測機」，但是並不代表只要接受測驗的人一說謊，機器就會有特殊反應，它不是這麼萬能的工具。

所謂測謊，是在受檢者的身上裝上各種測量儀器，記錄受檢者面對各種詢問的生理反應（呼吸與脈搏的變化、流汗的方式、瞳孔放大的情況等），接著再由檢測人員從受檢者面對問題產生的變化進行診斷。

但也不是馬上就可以從檢查結果得知受檢者是否說謊，因為即使說的是實話，只要心情緊張或是不安，也會反應在生理反應上。

●訊問的方式是關鍵

於是，大家開始致力於研究訊問的方法。例如在好幾個問題之中，只加入1題包含只有調查者和犯人知道的事實的提問（罪知感問題測試）。

如果只有對這項問題有特別的反應，就可以懷疑他跟該事件的關係。

【罪知感問題測試之例】

※關於殺害被害人的凶器

①你知道他有用藍波刀嗎？
②你知道他有用美工刀嗎？
③你知道他有用冰鑿嗎？
④你知道他有用菜刀嗎？

（只有②是事實）

集中 Key word
── 沒有浮上檯面的犯罪與黑數

　　2006年根據警察單位的統計資料，刑犯案件數為287萬7027件，但是這個數字其實只是實際發生數的一部分而已。有時是因為被害人沒有意識到自己受害，也有賭博或藥物犯罪等沒有被害者的犯罪，此外，也有很多順手牽羊、暴力、傷害等沒有報警就先解決的案件。這些沒有報案紀錄的犯罪就稱為「黑數」。

　　一般來說像殺人這種重大犯罪的黑數並不會太多，但是像強姦、強制猥褻等性犯罪、虐待兒童等犯罪，我們認為應該有很多被害者不想出面，因此黑數應該也有很多（據說性犯罪的黑數應該是報案記錄件數的10倍，順手牽羊〈竊盜〉的黑數是破獲數量的2～3倍）。

　　也就是說，顯現在檯面上的犯罪背後，都有不少沒有浮上檯面的數據存在，因此我們在看犯罪資料時，一定也要考慮到還有黑數的問題。

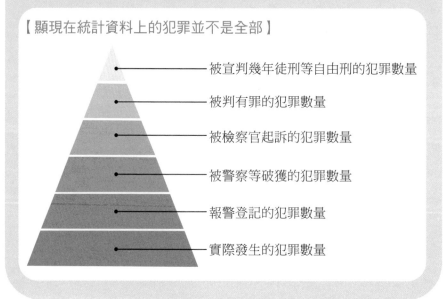

【顯現在統計資料上的犯罪並不是全部】

── 被宣判幾年徒刑等自由刑的犯罪數量

── 被判有罪的犯罪數量

── 被檢察官起訴的犯罪數量

── 被警察等破獲的犯罪數量

── 報警登記的犯罪數量

── 實際發生的犯罪數量

近年來，網路的擴展速度相當驚人，隨著網路逐漸普及，利用網路犯罪的數量也不斷上升，在近幾年的破獲件數甚至是以倍數成長（2002年1471件到2006年3593件）。

他們利用讀取個人資料的惡質軟體（間諜軟體）或釣魚網站等，不當騙取密碼冒名濫用，或者經由交友網站做出猥褻犯罪、誘拐、恐嚇、殺人等事件。由於網路本身仍在發展階段，變化速度快，法律規範也不能說十分完善。

●看不見臉的網路加害者

關於網路犯罪的三種特徵：①因為只藉由文字交流，因此可以隨意假冒身分，容易成功欺騙他人（匿名性高）；此外，由於網路交流一切電子化，因此不容易遺留下犯罪痕跡。②由於網路無國界，被害人不會限定在某個特定地區，無遠弗屆（連國境都能輕易跨越）。③由於網路技術日新月異，因此犯罪手段容易做得更巧妙、更精細等，這些都是網路犯罪的特徵。

此外，因為加害人不需與被害人見面，因此犯罪的意識應該也會比較低。就像在部落格進行人身攻擊之所以會很容易變得比較嚴重，就是因為這個原因吧。

因為我們都不知道，坐在電腦螢幕對面的那個人，到底是什麼樣的人、當時又是以什麼樣的表情坐在那裡的呢……

索引

参考文献

《犯罪心理学入門》福島章著（中央公論社）

《犯罪精神医学入門》福島章著（中央公論社）

《非行心理学入門》福島章著（中央公論社）

《現代の犯罪》作田明・福島章編（新書館）

《殺人者のカルテ》福島章著（清流出版）

《彼女は、なぜ人を殺したのか》福島章著（講談社）

《殺人と犯罪の深層心理》福島章著（講談社）

《父親殺し―孤独な家族の精神鑑定》福島章著（講談社）

《ストーカーの心理学》福島章著（PHP研究所）

《子どもの脳が危ない》福島章著（PHP研究所）

《精神鑑定　脳から心を読む》福島章著（講談社）

《子どもを殺す子どもたち》福島章著（河出書房新社）

《日本の精神鑑定》
　　　内村祐之・吉益脩夫監修　福島章・中田修.小木貞孝編（みすず書房）

《現代の精神鑑定》福島章編著（金子書房）

《現代殺人論》作田明著（PHP研究所）

《犯罪学》瀬川晃（成文堂）

《図解雑学 犯罪心理学》細江達郎著（ナツメ社）

《犯罪学がわかる。》（朝日新聞社、AERAMook）

《面白いほどよくわかる犯罪心理学》高橋良彰著（日本文芸社）

《FBI心理分析官》
　　　ロバート・K・レスラー&トム・シャットマン著 相原真理子訳（早川書房）

《犯罪者プロファイリング入門》渡邉和美・高村茂・桐生正幸著（北大路書房）

《捜査官のための実戦的心理学講座 捜査心理ファイル》渡辺昭一編（東京法令出版）

《こうすれば犯罪は防げる－環境犯罪学入門》谷岡一郎（新潮社）

《日本の刑務所》菊田幸一（岩波書店）

《心理学の世界 専門編4 犯罪心理学》大渕憲一著（培風館）

《DSM-IV-TR精神疾患の分類と診断の手引き》
　　　アメリカ精神医学会編 高橋三郎・大野裕・染矢俊幸訳（医学書院）

《パーソナリティ障害（人格障害）のことがよくわかる本》市橋秀夫監修（講談社）

《ユング派カウンセリング入門》大住誠著（筑摩書房）

等等

國家圖書館出版品預行編目資料

犯罪心理學：從科學剖析犯罪行為，深入犯罪者的內心世界 = Criminal psychology/PHP研究所編；簡中昊譯. -- 二版. -- 臺中市：晨星，2023.06
面； 公分. --（知的！；50）
ISBN 978-626-320-434-8（平裝）

1.CST: 犯罪心理學

548.52　　　　　　　　　　　　　　　　　112004371

知的！ 50

犯罪心理學
從科學剖析犯罪行為，深入犯罪者的內心世界

監修	福島章
編	PHP研究所
譯者	簡中昊
編輯	陳詠俞
封面設計	初雨有限公司（ivy-design）
美術設計	曾麗香
創辦人	陳銘民
發行所	晨星出版有限公司
	407台中市西屯區工業30路1號1樓
	TEL：（04）23595820　FAX：（04）23550581
	http://star.morningstar.com.tw
	行政院新聞局局版台業字第2500號
法律顧問	陳思成律師
二版	西元2023年06月1日
二版3刷	西元2024年06月15日
讀者服務專線	TEL：（02）23672044 /（04）23595819#212
讀者傳真專線	FAX：（02）23635741 /（04）23595493
讀者專用信箱	service@morningstar.com.tw
網路書店	http://www.morningstar.com.tw
郵政劃撥	15060393（知己圖書股份有限公司）
印刷	上好印刷股份有限公司

掃描QR code填回函，
成為晨星網路書店會員，
同時享有購書優惠。

定價350元

ISBN 978-626-320-434-8

Published by Morning Star Publishing Inc.
HANZAI SHINRIGAKU
Supervised by Akira FUKUSHIMA
Edited by PHP Institute, Inc.
Illustrations by Reiko OSHIKIRI
Copyright © 2008 by Akira FUKUSHIMA
First published in 2008 in Japan by PHP Institute, Inc.
Traditional Chinese translation rights arranged with PHP Institute, Inc.
through Japan Foreign-Rights Centre/ Bardon-Chinese Media Agency